उर्दू के प्रतिनिधि शायर और उनकी शायरी

सम्पादक

वशिष्ठ अनूप

वाणी प्रकाशन

प्रकाशन के उत्कृष्टतम 62 वर्ष

सजिल्द पहला संस्करण : 2025

vaniprakashan.com

वाणी प्रकाशन

4695, 21-ए, दरियागंज, नयी दिल्ली-110 002

फ़ोन : + 91 11 23273167, 23275710

शाखाएँ

अशोक राजपथ, पटना-800 004, बिहार

कॉफ़ी हाउस कैम्पस, महात्मा गांधी मार्ग, प्रयागराज-211 001, उत्तर प्रदेश

महात्मा गांधी अन्तरराष्ट्रीय हिन्दी विश्वविद्यालय, वर्धा-442 001, महाराष्ट्र

sales@vaniprakashan.in

vaniprakashan@gmail.com

Urdu Ke Pratinidhi Shayar Aur Unaki Shayari

edited by Vashishtha Anoop

ISBN : 978-93-6944-151-8

Ghazal

मूल्य : ₹ 495

जी.एस. ऑफ़सेट, दिल्ली-110 095 में मुद्रित

वाणी प्रकाशन का लोगो मक़बूल फ़िदा हुसैन की कूची से

अनुक्रम

प्राक्कथन

उर्दू एक शानदार और जानदार भाषा है। एक तरफ़ वह इश्क-मुहब्बत, रंजो-ग़म तथा तहज़ीब और तमद्दुन की भाषा है तो दूसरी तरफ़ वह इनकार-इकरार, तकरार और शरारतों से भी भरी है। वह नज़ाकत, नफ़ासत, नाजुकी, नरमी और लचीलेपन के साथ ही, सख़्ती, तल्ख़ी, जोशो-ख़रोश, ललकार, हुँकार, विद्रोह व जंग की भी भाषा है। उर्दू की शायरी को आशिक़-दीवाने भी गाते रहे हैं और जंग के मैदान में जाने वाले वीर योद्धा भी। आज भी उसे सुनकर हम कभी मदहोशी के आलम में खोने लगते हैं, हमारे दिलों की धड़कनें बढ़ने लगती हैं तो कभी हमारी मुट्ठियाँ कसने लगती हैं और भुजाएँ फड़कने लगती हैं।

उर्दू का जन्म हिन्दुस्तान में ही हुआ। 'उर्दू' का कोशगत अर्थ है—छावनी, फ़ौज़ी पड़ाव, शाही पड़ाव, सेनावास आदि। भाषा के अर्थ में उर्दू का प्रयोगवाद में हुआ। 1526 ई० में तुर्कों और मंगोलों का सरदार बाबर भारत में आया। उसके पड़ाव का नाम था—'उर्दू'। उर्दू का विकास फ़ौज़ी पड़ाव की भाषा के रूप में हुआ। सैनिक स्थानीय लोगों से जिस मिली-जुली ज़बान में बातें करते थे, आगे चलकर उसे उर्दू कहा जाने लगा। इसे 'ज़बाने उर्दू-ए मुअल्ला' भी कहा गया। इसीलिए अधिकांश शहरों में आज भी उर्दू बाज़ार हैं। उर्दू के लिए पहले हिन्दी, हिन्दवी, हिन्दुई, दकनी, ज़बाने-हिन्दुस्तान और हिन्दुस्तानी का प्रयोग होता रहा है।

उर्दू की जन्म-भूमि दिल्ली और पंजाब है। शौरसेनी अपभ्रंश के गर्भ से वहीं उसका जन्म हुआ। खड़ी बोली जो उस समय बोल-चाल और दिल्ली के बाज़ारों की भाषा थी, उसमें अरबी-फ़ारसी के शब्द प्रवेश करते रहे। इससे खड़ी बोली में जो परिवर्तन हुआ उससे 'हिन्दुस्तानी' का जन्म हुआ। 'हिन्दुस्तानी' के दो रूप विकसित हुए। पहला—'उर्दू' जिसमें अरबी-फ़ारसी के शब्द अधिक होते हैं और जिसे फ़ारसी लिपि में लिखा जाता है और दूसरा—'हिन्दी' जिसमें संस्कृत शब्दों के प्रयोग अधिक होते हैं और जिसे देवनागरी लिपि में लिखते हैं। इस प्रकार शौरसेनी अपभ्रंश से विकसित होने वाली अन्य भाषाओं में उर्दू भी है। दिल्ली के आस-पास बोली जाने वाली कई बोलियों में अरबी-फ़ारसी के शब्दों के मिलने और खड़ी बोली तथा पंजाबी के मिश्रण से एक ऐसी भाषा का विकास हुआ जिसे उर्दू के रूप में पहचान मिली। आगे चलकर यह भाषा दिल्ली से बाहर निकलकर दूसरे शहरों और कस्बों में भी विकसित होने लगी।

इतिहास बताता है कि उर्दू भाषा का जन्म तो उत्तर (दिल्ली) में हुआ किन्तु, उर्दू शायरी ने अपनी आँखें दक्षिण में खोलीं। ख़िलजी वंश (1290-1320 ई०) के शासकों—जलालुद्दीन ख़िलजी और अलाउद्दीन ख़िलजी के दक्षिण-विजय के अभियानों

ने लगभग सारे देश को एक केन्द्र के अधीन कर दिया। आगे चलकर मुहम्मद तुगलक ने सन् 1327 ई० में अपनी राजधानी दिल्ली से बदलकर दौलताबाद (देवगिरि) कर दी और सारे दिल्लीवासियों को आदेश दिया कि हर व्यक्ति वहाँ जाय लेकिन एक साल बाद ही यह आदेश अनुचित लगा और सबको फिर दिल्ली लौटने का हुक्म हुआ। उस समय बहुत से लोग देवगिरि से वापस नहीं आ सके और वहीं रह गये। दिल्ली से देवगिरि जाने वाले लोग अपने साथ अपनी भाषा भी ले गये थे और उस भाषा में स्थानीय भाषाओं—मराठी, तेलुगू आदि के शब्दों को शामिल करके एक नयी भाषा (दकनी) को विकसित किया। इस नयी भाषा को वहाँ काव्य-भाषा के रूप में पनपने का अवसर मिला और इसमें अनेक श्रेष्ठ कृतियों का सृजन हुआ। इस भाषा के विकास में सुल्तानों और साहित्यकारों दोनों की महत्त्वपूर्ण भूमिका थी। औरंगाबाद को औरंगजेब ने भी पचास वर्षों तक अपना केन्द्र बनाये रखा था और इस प्रकार वहां एक छोटी सी दिल्ली आबाद हो गयी थी। लगभग सन् 1700 ई० तक यह भाषा दक्षिण में ही फलती-फूलती रही। वली दकनी ने इस भाषा को निखारा और तराशा। सन् 1700 ई० में वली दकनी ने दिल्ली की यात्रा की और उनके साथ यह भाषा दिल्ली पहुँची। वह पैगम्बरे-सुखन (शायरी का पैगम्बर) बनकर दिल्ली गये थे। दिल्लीवासियों का परिचय रेख़्ते की शायरी से हुआ। फ़ारसी के उस पतन-काल में दिल्ली के शायरों को एक नयी भाषा मिली। आगे चलकर मीर और उनके समकालीनों ने भी इसी ज़बान को अपनाया। दिल्ली से दक्षिण गयी हुई मिली-जुली भाषा जब दक्षिण की भाषाओं से मिल-जुल कर एक नयी सज-धज के साथ पुनः दिल्ली लौटी तो भाषा के क्षेत्र में एक क्रान्तिकारी परिवर्तन हुआ। लगभग अठारहवीं सदी के अन्त तक 'उर्दू' शब्द का प्रयोग भाषा के अर्थ में नहीं मिलता। उसकी जगह 'रेख़्ता' या 'हिन्दी' शब्द ही प्रयुक्त होते रहे। बाद में इसे 'हिन्दुस्तानी' और फिर 'उर्दू' कहना आरम्भ हुआ। ज्ञात स्रोतों के आधार पर कहा जा सकता है कि भाषा के अर्थ में 'उर्दू' शब्द का सर्वप्रथम प्रयोग मुसहफी ने किया था—

ख़ुदा रखे ज़बाँ हमने सुनी है मीरो-मिर्ज़ा से
कहें किस मुँह से हम ऐ मुसहफी! उर्दू हमारी है।

मुसहफी की मृत्यु का समय सन् 1824 ई० है। अनुमानतः यह शेर उन्होंने 20-25 साल पहले कहा होगा।

उर्दू शायरी ने एक लम्बी और गौरवशाली यात्रा तय की है। उर्दू के आरम्भिक कवियों में बाबा फ़रीद शंकरगंज (1173-1265 ई०) का नाम लिया जा सकता है। 'आदि ग्रंथ साहब' में उनके 130 दोहे शामिल हैं। उर्दू शायरी की पृष्ठभूमि तैयार करने वाले रचनाकारों में अमीर खुसरो (सन् 1253-1325 ई०), ख़्वाजा बंदानवाज गेसूदराज़ (जन्म लगभग सन् 1317-मृत्यु 1422 ई०, 105 वर्ष जीवित रहे।), 'मनोहर-मधुमालती' के रचनाकार नुसरती, 'यूसुफ़-जुलैखा' के रचनाकार हाशिमी, मुहम्मद कुली कुतुबशाह (1566-1613 ई०), वजही, गवासी, , इब्ने-निशाती, महमूद बहरी, सिराज औरंगाबादी, खान आरजू, शाह मुबारक आबरू, फ़ुगाँ, ताबाँ, शाह हातिम, मिर्ज़ा

जानेजानाँ मज़हर, फ़ाइज़, दर्द, मिर्ज़ा मुहम्मद रफ़ी 'सौदा', मोमिन आदि का उल्लेखनीय योगदान है। इस सूची में उन शायरों का उल्लेख नहीं किया गया है जिनकी रचनाएँ इस संकलन में शामिल हैं।

उर्दू शायरी में एक ख़ास तरह की कशिश होती है जो सुनने या पढ़ने वालों को सहज ही आकर्षित कर लेती है। इसके एक-एक शेर में एक-एक कहानी भरी होती है। संक्षिप्तता, सारगर्भिता और तत्काल प्रभावोत्पादकता इसकी निजी ख़ासियत है। इधर यह देखा जा रहा है कि नयी पीढ़ी उर्दू शायरी के प्रति अधिक उत्सुक हुई है। कक्षाओं में किसी शायर के एक शेर की चर्चा कर देने पर विद्यार्थी उसके संग्रह की तलाश में लग जाते हैं। इधर एक बात और हुई है कि उर्दू अदीबों की पुस्तकें उर्दू की तुलना में हिन्दी में अधिक पढ़ी जा रही हैं। उर्दू के कई साहित्यकारों ने इस बात को स्वीकार किया है कि उनके साहित्य के पाठक हिन्दी में अधिक हैं। कुछ ने तो यहाँ तक कहा है कि उनका साहित्य हिन्दी में ही जीवित रहेगा।

इधर सुखद बात यह है कि काशी हिन्दू विश्वविद्यालय, वाराणसी के स्नातक और स्नातकोत्तर स्तर की कक्षाओं में उर्दू साहित्य का इतिहास और उर्दू के कई श्रेष्ठ शायरों की कविताएँ पढ़ायी जा रही हैं। ऐसा कई अन्य विश्वविद्यालयों में भी हो रहा है। ऐसे में उर्दू-कवियों के एक ऐसे संग्रह की महती आवश्यकता अनुभव हो रही **थी,** जिसमें एक साथ उर्दू के श्रेष्ठ शायरों की प्रतिनिधि शायरी संकलित हो। यह संग्रह इस दिशा में एक सार्थक और ज़रूरी पहल है। इस संकलन में उर्दू के 18 शायरों का परिचय और उनकी चुनी हुई कविताएँ दी जा रही हैं। यह सूची और बढ़ायी जा सकती थी लेकिन ऐसा करने पर यह पुस्तक क़ाफ़ी भारी-भरकम हो जाती। इसके आगामी संस्करण में कुछ और कवियों को शामिल किया जा सकता है। इस संकलन के लिए सामग्री इकट्ठी करने में मेरे प्रिय शोध-छात्रों सत्यप्रकाश पाल, मनीष कुमार, लक्ष्मणप्रसाद गुप्त, अन्नू सिंह, दीप्ति राय, प्रदीप जायसवाल और सूरज स्नेह ने उल्लेखनीय सहयोग किया है। ये मेरे आत्मीय और स्नेह-पात्र हैं। मुझे उम्मीद है कि उर्दू कविता का यह संग्रह हिन्दी के जिज्ञासु व जागरूक विद्यार्थियों, विद्वानों और साहित्य-प्रेमियों द्वारा समादृत होकर उनका ज्ञानवर्धन करेगा।

वशिष्ठ अनूप
अध्यक्ष, हिन्दी विभाग
काशी हिन्दू विश्वविद्यालय
वाराणसी

वली दकनी

[1668 - 1744 ई०]

तुझ लब की सिफ़त लाले बदख्शाँ सूँ कहूँगा,
जादू हैं तेरे नैन ग़ज़ालाँ सूँ कहूँगा।

उर्दू काव्य के आरम्भिक काल के महान् कवि वली दकनी का वास्तविक नाम शम्सुद्दीन था। कुछ लोगों ने उनका नाम शम्स वलीउल्ला लिखा है जो ग़लत है। शम्स वलीउल्ला एक सूफ़ी फ़कीर थे जिनसे वली का कोई सम्बन्ध नहीं था। वली का जन्म सन् 1668 ई० में औरंगाबाद में हुआ था। बीस वर्ष की उम्र तक उन्होंने वहीं रहकर शिक्षा प्राप्त की थी और बाद में उच्च शिक्षा एवं धार्मिक शिक्षा के लिए वह अहमदाबाद चले गये थे। वहाँ शाह वजीहुद्दीन का मदरसा बहुत प्रसिद्ध था। उनके जीवन का अधिकांश समय अहमदाबाद में ही व्यतीत हुआ और वहीं सन् 1744 ई० में उनका देहावसान हुआ। कुछ लोगों ने उनका देहावसान सन् 1707 ई० में माना है। यह अत्यन्त अफ़सोस की बात है कि 2002 के गुजरात दंगों के दौरान दंगाइयों ने वली की कब्र को ध्वस्त कर दिया।

वली को उर्दू शायरी का 'बाबा आदम' या आदिकवि भी कहा गया है, किन्तु यह बात पूरी तरह सही नहीं है। उनसे पहले अमीर खुसरो, ख़्वाजा बन्दानवाज, गेसूदराज़, कुली कुतुबशाह आदि ने भी अच्छी कविताएँ लिखी थीं। वली इस दृष्टि से महत्त्वपूर्ण हैं कि वे दक्षिण के सबसे बड़े कवि थे और उन्हीं की कला-ज्योति से उत्तरी भारत में भी उर्दू काव्य के दीप जले।

वली स्वभावत: यायावर थे। उनकी कविताओं में अहमदाबाद, सूरत, सतारा और बंगाल का ज़िक्र आता है। अहमदाबाद उन्हें अत्यन्त प्रिय था। वे अपनी आशिक़मिज़ाजी के कारण भी चर्चित थे। वीरेन्द्रकुमार बरनवाल ने लिखा है कि— "आशिक़मिज़ाज वली न केवल सुन्दर किशोरों, तरुणों और स्त्रियों को दिल दे बैठते थे बल्कि राह चलते मोहक चेहरे वाले अजनबियों तक पर जान छिड़कते चलते थे। योरोप की चित्रकला से वह भलीभाँति परिचित थे। उनमें चित्रित सुन्दर सुडौल शरीर के सम्मोहन से वह अभिभूत थे। उनके प्रेम की परिधि में सुन्दर शरीर के अलावा प्रकृति और वे स्थल और शहर भी शामिल थे जिनके सम्पर्क में वह अपनी यायावरी के दौरान आये थे।" अब्दुल मआली नाम के एक रूपवान तरुण को वह अपना दिल दे बैठे थे और इसी तरुण के साथ उन्होंने सन् 1700 ई० में दिल्ली की यात्रा की थी।

मीर के जन्म (1722 ई०) के बाइस साल पहले सन् 1700 ई० में वली दिल्ली पहुँचे थे। और उनके जन्म से तीन साल पहले वली का 'दीवान' (सन् 1719 ई०) पहुँच गया था। दिल्ली में उस समय फ़ारसी की श्रेष्ठ काव्य-परम्परा का अवसान हो रहा था। उत्तर में फ़ारसी कविता की इसी गोधूलि बेला में वली दक्खिनी कविता की मशाल लिये दिल्ली पहुँचे थे और इस मशाल की रोशनी से दिल्ली और उसके आस-पास के रचना-संसार का कोना-कोना जगमगा उठा था। वली भाषा और रचना के जीवन्त सेतु थे। वली को सुन-पढ़कर पहली बार लोगों को लगा कि फारसी के अलावा रेख़्ता में भी श्रेष्ठ और प्रभावोत्पादक काव्य-रचना सम्भव है। दिल्ली का रचना-संसार देखते-देखते वलीमय हो उठा था। इसके साथ ही दिल्ली ने भी वली की रचनाशीलता को प्रभावित किया था। कुछ विद्वानों का मानना है कि वली एक बार और 1719-20 ई० में दिल्ली गये थे। लेकिन यह सही नहीं है। 1719 में वह नहीं बल्कि उनका दीवान (संकलन) दिल्ली गया था।

वली का शुमार उर्दू-कविता की राह तैयार करने वाले शायरों में होता है। उर्दू शायरी की वो राह जो बाद में शाहराह बनी। वली के पहले ख़ुसरो, रहीम और रसखान जैसे भारतीय-कवियों का ज्यादातर कलाम या तो फ़ारसी में मिलता है या हिन्दी में। लेकिन वली ने एक अलग रंग इख़्तियार किया। उर्दू की अपेक्षा वली की भाषा में काफी दकनीपन मालूम होता है। 'तेरा' की बजाय 'तुझ', 'से' की बजाय 'सेती', 'तुम' की जगह 'तुमन', 'पलक' की जगह 'पलकाँ', 'हम' की जगह 'हमन' आदि का प्रयोग उनके द्वारा खूब मिलता है किन्तु यह भी स्पष्ट है कि क़ुतुबशाही और आदिलशाही कवियों की अपेक्षा दकनीपन उनकी भाषा में कम है। भाषा में प्रवाह उन्होंने अपने पूर्ववर्तियों से कहीं अधिक पैदा कर दिया है—

मत आइने को दिखला अपना जमाले-रौशन
तुझ मुख की ताब देखे आईना आब होगा।

वली दकनी से पहले उर्दू के ज्यादातर शायरी में छन्द और दोहे ही नज़र आते हैं। वली के आने के बाद इसमें ईरानी कल्चर के असरात नज़र आने लगते हैं—

सजन तुम सुख सेती खोलो नक़ाब आहिस्ता-आहिस्ता,
कि ज्यों गुल से निकसता है गुलाब आहिस्ता आहिस्ता।

वली की भाषा उनके समकालीन-कवियों की ज़बान से अलग जगमगायी। उनके भाव फ़ारसी कविता का लुत्फ़ देते थे। धीरे-धीरे फ़ारसी के इश्क का जादू, देसी ज़बान में रंग जमाने लगा और वली की शोहरत ने उनके सिर पर उर्दू के युगान्तरकारी कवि होने का सेहरा बँधवा दिया। वली अपनी ज़िन्दगी में मशहूर हुए और मरने के बाद अमर हो गए। वली की शायरी ग़ज़लों, रुबाइयों, क़तों, क़सीदों और मसनवी से सजी हुई है।

●

वली दकनी की शायरी

1

तुझ लब की सिफ़त लाल-ओ-बदख़्शाँ[1] सों कहूँगा
जादू हैं तेरे नैन ग़ज़ालाँ[2] सों कहूँगा
दी बादशही हक़ ने तुझे हुस्न नगर की
यो किश्वर-ए-ईराँ[3] में सुलेमाँ[4] सों कहूँगा
तारीफ़ तेरे क़द की अलिफ़वार सिरीजन
जा सर्व गुलिस्ताँ कूँ ख़ुशउलहाँ[5] सो कहूँगा
मुझ पर न करो जुल्म तुम ऐ लैला-ए ख़ूबाँ
मजनूँ हूँ तेरे ग़म कूँ बयाबाँ सों कहूँगा
देखा हूँ तुझे ख़्वाब में ऐ माया-ए-ख़ूबी
इस ख़्वाब को जा यूसुफ़-ए-किनआँ[6] सों कहूँगा
जलता हूँ शब-ओ-रोज़ तिरे ग़म में ऐ साजन
ये सोज़ तिरा मिश्अल-ए-सोज़ाँ[7] सों कहूँगा
यक नुक़्ता तिरे सफ़हए-रुख़[8] पर नहीं बेजा
इस मुख कूँ तिरे सफ़हए-क़ुरआँ सों कहूँगा
बेसब्र न हो ऐ 'वली' इस दर्द सों हरगिज
जलता हूँ तिरे दर्द में दरमाँ[9] सों कहूँगा

---

1. लाल-ओ-बदख़्शाँ = सुर्ख़ रंग के फूलों की एक क़िस्म। 2. ग़ज़ालाँ = हिरन। 3. किश्वर-ए-ईराँ = ईरान देश। 4. सुलेमाँ = एक पैग़म्बर जो तख़्त पर बैठ कर उड़ते थे। 5. ख़ुशउलहाँ = मधुर कण्ठ वाला। 6. यूसुफ़-ए-किनआँ = फ़लस्तीन के हज़रत यूसुफ़। 7. मिश्अल-ए-सोज़ाँ = दुःख की मशाल। 8. सफ़हए-रुख़ = मुखरूपी पृष्ठ। 9. दरमाँ = दवा-दारू।

●

2

जिसे इश्क़ का तीर कारी[1] लगे
उसे ज़िंदगी क्यूँ न भारी लगे
न छोड़े मुहब्बत दम-ए-मर्ग[2] लग
जिसे यार जानी सूँ यारी लगे
न होवे उसे जग में हरगिज़ क़रार
जिसे इश्क़ की बेक़रारी लगे
हरेक वक़्त मुझ आशिक़-ए-पाक कूँ
प्यारे तेरी बात प्यारी लगे
'वली' कूँ कहे तू अगर एक वचन
रक़ीबाँ के दिल में कटारी लगे

---

1. कारी = कारगर, गहरा। 2. दम-ए-मर्ग = मौत के वक़्त।

●

3

मुफ़्लिसी सब बहार खोती है
मर्द का एतिबार खोती है
क्यूँ कि हासिल हो मुझकूँ जमीयत[1]
ज़ुल्फ़ तेरी क़रार खोती है
हर सहर शोख़ की निगह की शराब
मुझ अखाँ का क़रार खोती है
क्यूँकि मिलना सनम का तर्क करूँ
दिलबरी इख़्तियार खोती है
ऐ 'वली' आब उस परीरू की
मुझ सिने[2] का ग़ुबार खोती है

---

1. जमीयत = इत्मीनान, सन्तोष। 2. सिने = सीना, छाती

●

4

अब जुदाई न कर ख़ुदा सूँ डर
बेवफ़ाई न कर ख़ुदा सूँ डर
रास्त कैशाँ[1] सूँ ऐ कमाल अबरू
कज अदाई[2] न कर ख़ुदा सूँ डर
मत तग़ाफ़ुल[3] कूँ राह दे ऐ शोख़
जगहँसाई न कर ख़ुदा सूँ डर
है जुदाई में ज़िंदगी मुश्किल
आ, जुदाई न कर ख़ुदा सूँ डर
आशिक़ाँ कूँ शहीद कर के सनम
कफ़हिनाई[4] न कर ख़ुदा सूँ डर
आरसी देखकर न हो मग़रूर[5]
ख़ुदनुमाई[6] न कर ख़ुदा सूँ डर
उस सूँ जो आशना-ए-दर्द नहीं
आशनाई न कर ख़ुदा सूँ डर

---

1. रास्त कैशाँ = सीधे रास्ते पर चलने वाले। 2. कज अदाई = तिरछापन। 3. तग़ाफ़ुल = उपेक्षा। 4. कफ़हिनाई = हथेली पर मेहँदी रचाना। 5. मग़रूर = घमण्डी। 6. ख़ुदनुमाई = आत्मप्रदर्शन।

●

5

तुझ मुख का रंग देख कँवल जल में जल गए
तेरी निगाह-ए-गर्म सूँ गुल गल पिघल गए
हर इक कूँ काँ[1] है ताब जो देखे तेरी निगाह
शेराँ तेरी निगाह की दहशत सूँ टल गए
साफ़ी तेरे जमाल की काँ लग बयाँ करूँ
जिस पर क़दम निगाह के अक्सर फिसल गए

मरने से पहले जो कि मरे इस जगत मिनीं
तस्वीर की निमत[2] वो ख़ुदी सूँ निकल गए
पायें जो कोई लज़्ज़त-ए-दीं जग में ऐ 'वली'
दुनिया में हाथ अपने वो हसरत सूँ मल गए

---

1. काँ = कहाँ। 2. निमत = समान, भाँति।

●

6

नर्गिस क़लम हुई है सजन तुझ नयन अगे
शक्कर डुबी है आब में तेरे बचन अगे
ग़ुंचे कूँ गुल के आब में आना मुहाल है
तेरे दहन की बात कहूँ गर चमन अगे
कर हाल पर 'वली' के पिया लुत्फ़ सूँ नज़र
लाया है सर नियाज़[1] सूँ तेरे चरन अगे

---

1. नियाज़ = श्रद्धाभाव।

●

7

ख़ूब रू ख़ूब काम करते हैं
यक निगह में तमाम करते हैं
देख ख़ूबाँ कूँ वक़्त मिलने के
किस अदा सूँ सलाम करते हैं
क्या वफ़ादार हैं कि मिलने में
दिल सूँ सब राम-राम करते हैं

कम निगाही सूँ देखते हैं वले
काम अपना तमाम करते हैं
खोलते हैं जब अपनी ज़ुल्फ़ाँ कूँ
सुबह आशिक़ कूँ शाम करते हैं
साहब-ए.लफ़्ज़[1] उसको कह सकते
जिस सूँ ख़ूबाँ कलाम करते हैं
दिल लिजाते हैं ऐ 'वली' मेरा
सर्व क़द[2] जब ख़िराम[3] करते हैं

---

1. साहब-ए-लफ़्ज़ = शब्दों का धनी। 2. सर्व क़द = सर्व के पेड़ जैसे ऊँचे छरहरे बदन वाली। 3. ख़िराम = अदा के साथ चलना।

■

मीर तक़ी मीर

[सितम्बर 1722, 23, 25 - 20 सितम्बर 1810 ई०]

मुझको शायर न कहो मीर कि साहब मैंने,
दर्दो ग़म कितने किये जमा तो दीवान बना।

दर्द और ग़म में सारा जीवन व्यतीत करने वाले उर्दू के सर्वश्रेष्ठ शायर मीर तक़ी मीर का जन्म अकबराबाद (आगरा) में हुआ था। उनके पिता मुहम्मद अली सूफ़ी फ़कीर थे और अपने नन्हें बेटे को प्रेम का पाठ पढ़ाया था। उन्होंने सिखाया था कि जगत् में प्रेम के सिवा कुछ भी नहीं है। प्रेम के कारण ही संसार में जीवन की नदी बह रही है। उन्होंने सन्तोष और मानव-कल्याण की भी शिक्षा दी थी। मीर जब ग्यारह साल के थे तभी उनके पिता की मृत्यु हो गयी। उस समय उनका परिवार बेहद अभावग्रस्त था। घर पर तीन सौ रु० का कर्ज़ था और पैतृक सम्पत्ति के नाम पर कुछ किताबें थीं। पिता की मृत्यु के बाद सौतेले भाइयों ने इतना कष्ट पहुँचाया कि उन्हें आगरा छोड़कर दिल्ली जाना पड़ा। दिल्ली में बादशाह मुहम्मदशाह के एक दरबारी समसामुद्दौला से इनकी निकटता हो गयी और उन्होंने मीर को एक रु० रोजाना का वज़ीफ़ा देना शुरू किया जिसके बाद ये वापस आगरा आ गये। लेकिन 1739 ई० में दिल्ली पर नादिशाह के हमले में समसामुद्दौला मारे गये और वज़ीफ़ा बन्द हो जाने से ये फिर फ़ाक़ाकशी के शिकार हुए। इस बार दिल्ली उजड़ी हुई थी। बेरोज़गारी और ग़रीबी ने उन्हें विक्षिप्त कर दिया था। इस विक्षिप्तावस्था में वे एक काल्पनिक या वास्तविक सुन्दरी से प्रेम करने लगे। दिल्ली में उन्होंने कई अमीरों के यहाँ नौकरी की। लड़कों को पढ़ाया और दूसरे काम किये। उनकी प्रारम्भिक शिक्षा अपने सौतेले भाई के मामू खान-ए आरज़ू के यहाँ हुई जो बहुत बड़े विद्वान् और शायर तथा अरबी, फ़ारसी, हिन्दी, संस्कृत के प्रकाण्ड पण्डित थे। वे अनेक कवियों के गुरु थे। मीर कुछ दिन उनके आश्रय में रहे लेकिन वहाँ से उन्हें हटना पड़ा। इसके पीछे कुछ लोगों का कहना है कि मीर अपने गर्म मिज़ाज और स्वाभिमान के कारण वहाँ से हटे और कुछ लोगों का कहना है कि वे जाने-आरज़ू की बेटी से प्रेम करने लगे थे। 25-26 वर्ष की उम्र तक मीर एक दीवाने शायर के रूप में प्रसिद्ध हो गये थे। 1748 ई० में वे मालवा

के सूबेदार के बेटे के मुसाहिब बन गये थे किन्तु 1761 ई० में अहमदशाह अब्दाली ने दिल्ली को फिर बरबाद कर दिया और इसमें मीर का घर भी उजड़ गया। उन्होंने 1747-48 ई० में पहला विवाह और पत्नी की मृत्यु के काफी बाद में 1783-84 ई० में दूसरा विवाह किया था। मीर और दिल्ली दोनों की हालत एक जैसी थी। लगभग 1782-83 ई० में नवाब आसफुद्दौला के आग्रह पर वे दिल्ली छोड़कर लखनऊ आ गये। लखनऊ उन्हें रास नहीं आया। 20 सितम्बर 1810 को उनका निधन हो गया। मीर जहाँ दफ़्न हुए वहाँ लखनऊ स्टेशन है।

रचनाएँ—मीर की ग़ज़लों के छः दीवान (संग्रह) हैं जिनमें दो हज़ार से अधिक ग़ज़लें हैं। इसके अलावा 'कुल्लियाते मीर' में दर्जनों मस्नवियाँ, क़सीदे और वासोढ़त उपालम्भ संकलित हैं। मीर ने 'ज़िक्रे-मीर' नाम से आत्मकथा तथा 'निकातुश्शोअरा' नाम से एक कविता वृत्तान्त लिखा है।

मीर तक़ी मीर उर्दू के एक ऐसे श्रेष्ठ और महान् शायर थे जिनकी कविता की उत्कृष्टता को प्रत्येक आलोचक ने मुक्त हृदय से स्वीकार किया है। आलोचकों ने उन्हें 'कवि-सम्राट्' की उपाधि से विभूषित किया है। उर्दू ग़ज़ल में मीर की हैसियत एक नेतृत्वकर्ता की है। उर्दू ग़ज़ल की परम्परा उन्हीं से शुरू हुई। उन्होंने उर्दू कविता को चीज़ें दीं—अभिव्यक्ति की सरल शैली और प्रेम की तड़प। वे बड़े नाजुक मिज़ाज, स्वाभिमानी और गम्भीर व्यक्ति थे। उनके इस व्यक्तित्व की झलक उनकी शायरी में लगातार दिखायी पड़ती है। उर्दू शायरी के नये आन्दोलन के पुरस्कर्ता,8 मुगल ताज़दारों से जमा किये गये खज़ाने को दस हजार ऊँटों, दस हज़ार घोड़ों, तीन हजार हाथियों पर लाद ले गया।

क्या कहिए अपने अहद में जितने अमीर थे
टुकड़े प जान देते थे, सारे फ़कीर थे।

उनके विषय में प्रसिद्ध शायर अली सरदार ज़ाफ़री का कहना है कि "शायर को खुदा का शिष्य भी कहा गया है और पैगम्बर का भी स्थान दिया गया है, लेकिन मीर तक़ी मीर अकेले शायर हैं जिनको ख़ुदा-ए-सुखन (शायरी का ख़ुदा) कहा जाता है। ...उर्दू के सब शायरों की सूची में सबसे ऊपर मीर का ही नाम रहेगा। हर काल में बड़े से बड़े शायर ने मीर का नाम आते ही अपना सर झुका लिया है।"

(दीवाने-मीर, भूमिका से)

मुहम्मद हुसैन आज़ाद ने अपनी क़िताब आब-ए-हयात में मीर की प्रशंसा करते हुए लिखा है कि—"क़द्रदानों ने उनके क़लाम को जौहर और मोतियों की निगाहों से देखा और नाम को फूलों की महक बनाकर उड़ाया। हिन्दुस्तान में यह

बात उन्हीं को नसीब हुई है। कि मुसाफ़िर ग़ज़लों को तोहफ़े के तौर पर शहर से शहर ले जाते थे।'' (उद्धृत, दीवाने-मीर, पृ० 6)

मीर की शायरी अपने समय, समाज और तत्कालीन राजनीतिक हलचलों का काव्यात्मक दस्तावेज़ है। उनके समय का इतिहास और समाज उनकी वैयक्तिक अनुभूति में ढल गया है। उनका समय मुगलों के पतन, हिन्दुस्तान पर नादिरशाह और अहमदशाह अब्दाली के आक्रमणों और दिल्ली के लूटे जाने का समय है। मीर का दिल और दिल्ली दोनों की दशा एक-सी थी। दोनों उजड़े हुए थे। अगर कोई उस पतनशील समाज का काव्यात्मक रूप उसकी सारी शोकपूर्ण गहराइयों के साथ देखना चाहे तो वह उस समय के इतिहास के बजाय मीर की कविताओं में ज़्यादा स्पष्ट रूप से देख सकता है। दिल्ली की बदहाली का दर्द उनके शेरों में इस प्रकार व्यक्त हुआ है—

दिल्ली में आज भीख भी मिलती नहीं उन्हें
था कल तलक दिमाग, जिन्हें ताज़ो-तख़्त का।
जो है सो पाइयाले-ग़म है मीर
चाल बेडौल है ज़माने की।

मीर का व्यक्तित्व अपने युग के साथ घुल-मिलकर एकयेक हो गया है। यही कारण है कि उनकी शायरी में दिल और दिल्ली पर्यायवाची बन गये हैं। दिल और दिल्ली दोनों लुटे-उजड़े और वीरान हैं—

दिल की वीरानी का क्या मज़कूर है
यह नगर सौमर्तबा लूटा गया।
दिल वो नगर नहीं कि फिर आबाद हो सके,
पछताओगे, सुनो हो! ये बस्ती उजाड़ के।

मीर ग़ज़ल के उस्ताद शायर हैं। ''उनके शेर शर के समान हृदय को बेधते ही चले जाते हैं। सीधी-सादी बोलचाल की भाषा में इतना रस और इतनी मिठास, इतना विष और इतना कड़वापन, हार्दिक भावनाओं का इतना कोमल चित्रण और भावनाओं का इतना तूफानी जोश काव्य-रचना में एक चमत्कार जान पड़ता है।'' (एहतेशाम हुसैन, *उर्दू साहित्य का आलोचनात्मक इतिहास,* पृ० 58) उनकी ग़ज़लों का केन्द्रीय विषय प्रेम और सौन्दर्य है। उनके प्रेम का विस्तार व्यक्ति से लेकर ख़ुदा तक है। प्रेमिका से प्रेम, मानव जाति से प्रेम और ईश्वर से प्रेम तीनों उनके यहाँ घुले-मिले हैं। इसी प्रकार उनकी प्रेमिका का सौन्दर्य प्रकृति के सौन्दर्य में भी व्याप्त है। ''उसके शरीर की बनावट फूल की पत्ती से है। उसका मुँह खुलने से चाँदनी छिटकती है। कलियों ने कम-कम खिलना उसकी अधखुली आँखों से सीखा है।

फूल की डालियों ने उसके कद से अँगड़ाइयाँ लेने का ढंग धारण किया है। उसकी पवित्रता और कोमलता की यह स्थिति है कि शरीर हाथ लगने से मैला होता है।'' (अली सरदार ज़ाफ़री, दीवाने-मीर, पृ० 277) उसके होठ गुलाब की पंखुड़ी की तरह नाजुक हैं और उसकी आँखों की मस्ती शराब की-सी है, उसकी अदा सबसे निराली है, वह सर्वोत्तम है—

नाज़ुकी उसके लब की क्या कहिए
पंखड़ी इक गुलाब की-सी है।
मीर उन नीम-बाज़ आँखों में
सारी मस्ती शराब की-सी है।

मीर प्रेम के असाधारण कवि हैं। उनका प्रेम वैयक्तित तो है ही, लेकिन जब वह अपने उदात्त रूप में होता है तो पूरी क़ायनात उसके दायरे में आ जाती है। इश्क उनके लिए सबसे बड़ी भावना है और दिल सबसे बड़ी वस्तु। अगर मन्दिर और मस्ज़िद टूट जायें तो फिर बन सकते हैं लेकिन दिल वो नगर नहीं कि फिर आबाद हो सके। इसलिए वह सबसे दिल को तोड़ने और उजाड़ने से रोकते हैं—''पछताओगे, सुनो हो! ये बस्ती उजाड़ के।'' मीर ने जिससे प्रेम किया है, उसे उनकी कोई परवाह ही नहीं है जबकि सारी दुनिया को इसका ख़बर हो गयी है—

पत्ता-पत्ता, बूटा-बूटा, हाल हमारा जाने है
जाने न जॉने गुल ही न जाने, बाग तो सारा जाने है।

और यह एक ऐसी बीमारी है कि कोई दवा काम ही नहीं करती—

लगा था रोग जब से ये तभी से
असर मालूम था हमको दवा का।

मीर अनुभूति-प्रवणता के शायर हैं और अनुभूति जब बहुत घनीभूत होती है तो उसे व्यक्त करना असम्भव-सा हो जाता है। यह बात हमें हिन्दी के कबीर, तुलसी, घनानन्द आदि कवियों में भी देखने को मिलती है। मन की गहराइयों में जो इच्छाएँ होती हैं, उन्हें कहना सम्भव नहीं होता—

दिल की तह की कही न जाती नाज़ुक है असरार बहुत
अक्षर तो हैं इश्क के दो ही लेकिन है विस्तार बहुत।

इस शेर में उन्होंने प्रेम की गहरायी और विस्तार पर भी प्रकाश डाला है। इस प्रेम के लिए कवि को हिन्दू-मुस्लिम दोनों बनना पड़ा लेकिन कोई बात न बनी—

क़ाफ़िर मुस्लिम दोनों हुए पर निस्बत उससे कुछ न हुई
बहुत लिए तस्बीह फिरे हम पहना है जुन्नार बहुत।

हिज्र ने जी ही मारा हमारा क्या कहिए क्या मुश्किल है
उससे जुदा रहना होता है जिससे हमें है प्यार बहुत।

मीर ने प्रेम की तड़प, बेचैनी और दर्द के अत्यन्त मार्मिक चित्र प्रस्तुत किये हैं जिन्हें पढ़कर किसी भी संवेदनशील पाठक का दिल तड़प उठता है—

वह सूरतें इलाही किस देस बस्तियाँ हैं
अब जिनके देखने को आँखें तरसतियाँ हैं।

मीर को बचपन में अपने सूफ़ी और फ़कीर पिता से जो उदारता और प्रेम की तालीम मिली थी, उसकी झलक उनकी शायरी में भी मिलती है। कभी सारी क़ायनात में उन्हें ईश्वर दिखायी देता है, कभी हर चिराग़ में उसी का प्रकाश। कभी बेख़ुदी का आलम है और कभी पानी के बुलबुलों-सी जीवन की क्षणभंगुरता व नश्वरता। कुछ शेर देखें—

उसके फ़रोगे-हुस्न से झमके है सबमें नूर
शम्ए-दृश्य हो या कि दिया सोमनाथ का।
हस्ती अपनी हबाब की-सी है
ये नुमाइश सुराब की-सी है।
बेखुदी ले गई कहाँ हमको
देर से इन्तज़ार है अपना

मीर की शायरी का अभिव्यक्ति पक्ष भी बहुत खूबसूरत है। उसमें सादगी, मृदुलता, रवानी और संगीतात्मकता का अद्भुत संयोग है। उनका काव्य सरल और सुगम है किन्तु इसका मतलब यह नहीं कि उनकी कविता में कलात्मक सौन्दर्य का अभाव है। इसके विपरीत वास्तविकता यह है कि उनकी ध्वनि और संगीत के प्रति रुचि बहुत विकसित और उन्नत है। उनका काव्य बोलचाल की ज़बान में बात-चीत का अन्दाज़ लिये हुए है। फ़ारसी शब्दों के उपयोग में भी उन्होंने हिन्दुस्तानी लबो-लहजे को वरीयता दी है। उनकी ग़ज़लों का तरन्नुम भी आवामी स्वर के बहुत निकट है।

"जब मीर अपने आवेगों की अभिव्यंजना करते हैं, ऐसे आवेग जिन्हें व्यक्तिगत रूप से उन्होंने अनुभव किये हैं तो उनकी पंक्तियों में एक आश्चर्यजनक सादगी पायी जाती है। सीधे-सीधे छोटे-छोटे कोमल शब्दों में वे अपनी अछूती अनुभूतियों तथा भाव-प्रवणता को सफाई के साथ संवेदनशील ढंग से समग्र रूप में बयान करते हैं और उनके शेरों में ऐसी स्वर-लहरी होती है, मानों उसमें संगीत की आत्मा आ बसी हो। वे इन मामूली शब्दों में ऐसा जादू भर देते हैं कि उससे दिल पर गहरा असर होता है।" (प्रो० कलीमुद्दीन, *उर्दू कविता पर एक दृष्टि*, पृ० 64)

उनके विषय में फ़िराक़ गोरखपुरी की मान्यता है कि—''मीर के उत्तम शेर जादू का असर करते हैं। ऐसी रचनाओं में उनका स्वर जीवन का स्वर बन जाता है। इन रचनाओं में जैसी धुलावट है, जैसी चुमकार है, जो करुणा है, जो मानवता, जो विनम्रता है, जो स्वाभाविकता है और जो हृदय को विदीर्ण करने वाली मृदुलता और तीव्रता का संगम है, उनका उदाहरण कहीं और नहीं मिलता।'' (*उर्दू भाषा और साहित्य,* पृ० 29)

●

मीर की शायरी

1

हस्ती अपनी हबाब[1] की-सी है
ये नुमाइश[2] सराब[3] की-सी है

नाज़ुकी उसके लब[4] की क्या कहिये
पंखड़ी इक गुलाब की-सी है

चश्मे-दिल[5] खोल उस भी आलम[6] पर
याँ की औक़ात[7] ख़्वाब की-सी है

बार-बार उसके दर पे जाता हूँ
हालत अब इज़्तिराब[8] की-सी है

मैं जो बोला कहा कि ये आवाज़
उसी ख़ानाख़राब[9] की-सी है

'मीर' उन नीमबाज़[10] आँखों में
सारी मस्ती शराब की-सी है

---

1. हबाब = बुलबुला। 2. नुमाइश = दिखावा, प्रदर्शनी। 3. सराब = मरीचिका। 4. लब = होंठ। 5. चश्मे-दिल = हृदय के नेत्र। 6. आलम = संसार। 7. औक़ात = हैसियत, वक़्त का बहुवचन। 8. इज़्तिराब = बेचैनी। 9. ख़ानाख़राब = जिसका घर उजड़ चुका हो। 10. नीमबाज़ = अधखुली।

●

2

उल्टी हो गईं सब तद्बीरें[1] कुछ न दवा ने काम किया
देखा इस बीमारी-ए-दिल ने आख़िर काम तमाम किया

अहदे-जवानी[2] रो-रो काटा पीरी[3] में लीं आँखें मूँद
यानी रात बहुत थे जागे सुब्ह हुई आराम किया

हर्फ़[4] नहीं जाँबख़्शी में उसकी ख़ूबी अपनी क़िस्मत की
हमसे जो पहले कह भेजा सो मरने का पैग़ाम किया

नाहक़ हम मजबूरों पर ये तोहमत है मुख़्तारी[5] की
चाहते हैं सो आप करें हैं हम को अबस[6] बदनाम किया

सारे रिन्द[7] ओबाश[8] जहाँ के तुझ से सुजूद[9] में रहते हैं
बाँके टेढ़े तिरछे तीखे सब का तुझ को इमाम किया

सरज़द[10] हमसे बेअदबी तो वहशत में भी कम ही हुई
कोसों उसकी ओर गये पर सिज्दा हर-हर गाम किया

किस का काबा, कैसा क़िब्ला[11], कौन हरम है, क्या अहराम[12]
कूचे के उसके बाशिन्दों ने सब को यहीं से सलाम किया

शेख़ जो है मस्जिद में, नंगा रात को था मैख़ाने में
जुब्बा[13], ख़िर्क़ा[14], कुर्ता, टोपी मस्ती में इनआम किया

याँ के सपैदो-सियह में हम को दख़्ल जो है सो इतना है
रात को रो-रो सुब्ह किया या दिन को जूँ तूँ शाम किया

सुब्ह चमन में उस को कहीं तकलीफ़े-हवा ले आई थी
रुख़ से गुल को मोल लिया क़ामत[15] से सर्व गुलाम किया

साइद सीमीं दोनों उस को हाथ में ला कर छोड़ दिये
भूले से उसके क़ौलो-क़सम पर हाय ख़याले-ख़ाम[16] किया

काम हुए हैं सारे ज़ाया हर साअत की समाजत से
इस्तिग़ना[17] की चौगनी उन ने जूँ जूँ मैं इब्राम[18] किया

ऐसे आहू-ए-रमख़ुर्दा[19] की वहशत खोनी मुश्किल थी
सिह्र[20] किया, ऐजाज़ किया, जिन लोगों ने तुझको राम[21] किया

'मीर' के दीनो-मज़हब को अब पूछते क्या हो उन ने तो
क़श्क़ा[22] खेंचा दैर[23] में बैठा, कब का तर्क[24] इस्लाम किया

---

1. तद्‌बीर = उपाय, उपचार। 2. अहदे-जवानी = यौवनकाल। 3. पीरी = वृद्धावस्था। 4. हर्फ़ = दोष। 5. मुख़्तारी = स्वच्छन्दता। 6. अबस = व्यर्थ। 7. रिन्द = मद्यप। 8. ओबाश = दुराचारी। 9. सुजूद = सर झुकाना। 10. सरज़द = घटित। 11. क़िब्ला = मक्के की वह जगह जहाँ काला पत्थर है और जिसकी और मुँह करके मुसलमान नमाज़ पढ़ते हैं। 12. अहराम = बूढ़े लोग। 13. जुब्बा = लम्बा अँगरखा। 14. ख़िर्क़ा = ऋषि या फ़क़ीर की उतरी हुई पोशाक। 15. क़ामत = शरीर। 16. ख़याले-ख़ाम = वहम, ग़लत ख़याल। 17. इस्तिग़ना = अनिच्छा। 18. इब्राम = दृढ़ करना। 19. आहू-ए-रमख़ुर्दा = भागा हुआ हिरन। 20. सिह्र = चमत्कार, अचम्भे में डालने वाली बात। 21. राम = वशीभूत। 22. क़श्क़ा = तिलक। 23. दैर = मन्दिर। 24. तर्क = त्यागना, छोड़ना।

●

3

देख तो दिल कि जाँ से उठता है
ये धुवाँ-सा कहाँ से उठता है

गोर[1] किस दिलजले की है ये फ़लक[2]
शोला इक सुब्ह यहाँ से उठता है

ख़ाना-ए-दिल[3] से जीनहार[4] न जा
कोई ऐसे मकाँ से उठता है

सुध ले घर की भी शोला-ए-आवाज़[5]
दूद[6] कुछ आशियाँ से उठता है

बैठने कौन दे है फिर उसको
जो तिरे आस्ताँ[7] से उठता है

यूँ उठे आह उस गली से हम
जैसे कोई जहाँ से उठता है

इश्क़ इक 'मीर' भारी पत्थर है
कब ये तुझ नातवाँ[8] से उठता है

1. गोर = क़ब्र, समाधि। 2. फ़लक = आकाश। 3. ख़ाना-ए-दिल = दिल का घर। 4. ज़ीनहार = हर्गिज़। 5. शोला-ए-आवाज़ = अग्नि पैदा करने वाली आवाज़। 6. दूद = धुआँ। 7. आस्ताँ = चौखट। 8. नातवाँ = निर्बल।

●

4

पत्ता-पत्ता बूटा-बूटा हाल हमारा जाने है
जाने न जाने गुल ही न जाने बाग़ तो सारा जाने है

लगने न दे बस हो तो उसके गौहरे-गोश[1] के बाले तक
उसको फ़लक[2] चश्मे-महो-ख़ुर[3] की पुतली का तारा जाने है

आशिक़-सा तो सादा[4] कोई और न होगा दुनिया में
जी के ज़ियाँ[5] को इश्क़ में उसके अपना वारा जाने है

चारागरी[6] बीमारी-ए-दिल की रस्मे-शह्रे-हुस्न[7] नहीं
वरना दिलबरे-नादाँ[8] भी इस दर्द का चारा जाने है

मेहूरो-वफ़ा-ओ-लुत्फ़ो-इनायत[9] एक से वाक़िफ़[10] इनमें नहीं
और तो सब कुछ तंजो-किनाया[11] रम्ज़ो[12]-इशारा जाने है

क्या-क्या फ़ित्ने[13] सर पर उसके लाता है माशूक़ अपना
जिस बेदिल बेताबो-तवाँ[14] को इश्क़ का मारा जाने है

1. गौहरे-गोश = कान का मोती। 2. फ़लक = आकाश। 3. चश्मे-महो-ख़ुर = सूरज और चाँद की आँख। 4. सादा = भोला-भाला। 5. ज़ियाँ = हानि। 6. चारागरी = उपचार। 7. रस्मे-शह्रे-हुस्न = सौन्दर्य नगर की रीत। 8. दिलबरे-नादाँ = भोला प्रेमी। 9. मेह्रो-वफ़ा-ओ-लुत्फ़ो-इनायत = दया, निर्वाह, आनन्द और कृपा। 10. वाक़िफ़ = परिचित। 11. तंजो-किनाया = व्यंग्य और संकेत। 12. रम्ज़ = संकेत, भेद। 13. फ़ित्ना = उपद्रव। 14. बेताबो-तवाँ = निर्बल, अशक्त।

●

5

होती है गर्चे कहने से यारो पराई बात
पर हम से तो थमे न कभू मुँह पर आई बात

कहते थे उससे मिलिये तो क्या-क्या न कहिये लेक
वो आ गया तो सामने उसके न आई बात

अब तो हुए हैं हम भी तिरे ढब से आश्ना[1]
वाँ तूने कुछ कहा कि इधर हमने पाई बात

बुल्बुल के बोलने में सब अन्दाज़ हैं मिरे
पोशीदा[2] कब रहे है किसू की उड़ाई बात

आलम[3] सियाहख़ाना[4] है किसका कि रोज़ो-शब[5]
ये शोर है कि देती नहीं कुछ सुनाई बात

अब मुझ ज़ईफ़ो-ज़ार[6] को मत कुछ कहा करो
जाती नहीं है मुझसे किसू की उठाई बात

ख़त लिखते-लिखते 'मीर' ने दफ़्तर किए रवाँ
इफ़्राते-इश्तियाक़[7] ने आख़िर बढ़ाई बात

---

1. आश्ना = परिचित। 2. पोशीदा = छुपे हुए। 3. आलम = संसार। 4. सियाह-ख़ाना = जिसमें अँधेरा ही अँधेरा हो। 5. रोज़ो-शब = दिन-रात। 6. ज़ईफ़ो-ज़ार = निर्बल और दुःखी। 7. इफ़्राते-इश्तियाक़ = अत्यधिक उत्सुकता।

●

6

फ़क़ीराना आए सदा कर चले
मियाँ ख़ुश रहो हम दुआ कर चले

जो तुझ बिन न जीने को कहते थे हम
सो उस अह्द[1] को अब वफ़ा[2] कर चले

वो क्या चीज़ है आह जिस के लिये
हर इक चीज़ से दिल उठा कर चले

कोई नाउम्मीदाना[3] करते निगाह
सो तुम हमसें मुँह भी छुपा कर चले

बहुत आरज़ू[4] थी गली की तिरी
सो याँ से लहू में नहा कर चले

दिखाई दिये यूँ कि बेख़ुद[5] किया
हमें आप से भी जुदा कर चले

जबीं[6] सिज्दा[7] करते ही करते गई
हक़्क़े-बन्दगी[8] हम अदा कर चले

कहें क्या जो पूछे कोई हमसे 'मीर'
जहाँ में तुम आए थे, क्या कर चले

---

1. अह्द = प्रतिज्ञा। 2. वफ़ा = निर्वाह। 3. नाउम्मीदाना = निराश। 4. आरज़ू = कामना। 5. बेख़ुद = बेसुध। 6. जबीं = माथा। 7. सिज्दा = माथा टेकना। 8. हक़्क़े-बन्दगी = भक्त का कर्तव्य।

●

7

जफ़ाएँ[1] देख लियाँ बेवफ़ाइयाँ देखीं
भला हुआ कि तिरी सब बुराइयाँ देखीं

तिरी गली से सदा[2] ऐ कुशिन्दा-ए-आलम[3]
हज़ारों आती हुई चारपाइयाँ देखीं

तिरे विसाल के हम शौक़[4] में हो आवारा
अज़ीज़[5] दोस्त सभों की जुदाइयाँ देखीं

हमेशा माइले-आईना[6] ही तुझे पाया
जो देखीं हमने यही ख़ुदनुमाइयाँ[7] देखीं

बनी न अपनी तो इस जंगजू[8] से हर्गिज़ 'मीर'
लड़ाईं जब से हम आँखें लड़ाइयाँ देखीं

---

1. जफ़ाएँ = अत्याचार। 2. सदा = हमेशा। 3. कुशिन्दा-ए-आलम = दुनिया को क़त्ल करने वाला। 4. शौक़ = अभिलाषा। 5. अज़ीज़ = प्रिय। 6. माईले-आईना = दर्पण की ओर आकृष्ट। 7. ख़ुदनुमाई = आत्मप्रदर्शन। 8. जंगजू = लड़ाई-झगड़ा पसन्द करने वाला, सैनिक।

●

8

दूर उससे जा चुके हैं हम इस रोज़गार[1] में
दिन आज का भी साँझ हुआ इन्तज़ार में

दाग़ों से भर गया है मिरा सीना-ए-फ़िगार[2]
गुल फूल ज़ोर-ज़ोर खिले इस बहार में

चलता है टुक वो देख के चल पाँव से नफ़स[3]
आँखें ही बिछ गई हैं तिरे रहगुज़ार में

किस-किस अदा से रेख़्ते[4] मैंने कहे वलेक
समझा न कोई मेरी ज़बाँ इस दयार[5] में

तड़पे है मुत्तसिल[6] वो कहाँ ऐसे रोज़ो-शब[7]
है फ़र्क़[8] 'मीर' बर्क़ो-दिले-बेक़रार[9] में

1. रोज़गार = संसार। 2. सीना-ए-फ़िगार = ज़ख़्मी सीना। 3. नफ़स = साँस। 4. रेख़्ता = उर्दू का एक प्राचीन नाम। 5. दयार = नगर। 6. मुत्तसिल = बराबर। 7. रोज़ो-शब = दिन-रात। 8. फ़र्क़ = अन्तर। 9. बर्क़ो-दिले-बेक़रार = बिजली और व्याकुल हृदय।

●

9

जोर[1] क्या-क्या जफ़ाएँ क्या-क्या हैं
आशिक़ी में बलाएँ[2] क्या-क्या हैं

ख़ूबरू[3] ही फ़क़त नहीं वो शोख़
हुस्न क्या-क्या अदाएँ क्या-क्या हैं

फ़िक्रे-तामीरे-दिल[4] किसू को नहीं
ऐसी वैसी बिनाएँ[5] क्या-क्या हैं

गो[6] नसीमे-सबा[7] है गाहे-सुमूम[8]
इस चमन में हवाएँ क्या-क्या हैं

शोर है तर्के-शेख़[9] का लेकिन
चुपके-चुपके दुआएँ क्या-क्या हैं

मंज़रे-दीदा[10] क़स्रे-दिल[11] ऐ 'मीर'
शह्रे-तन में भी जाएँ[12] क्या-क्या हैं

1. जोर = अत्याचार, जुल्म। 2. बला = विपत्ति। 3. ख़ूबरू = सुन्दर मुख वाली, सुन्दरी। 4. फ़िक्रे-तामीरे-दिल = हृदय के निर्माण की चिन्ता। 5. बिना = निर्माण, नींव। 6. गो = यद्यपि। 7. नसीमे-सबा = प्रात:कालीन हवा। 8. गाहे-सुमूम = कभी गर्म हवा, लू। 9. तर्के-शेख़ = शेख़ का त्याग। 10. मंज़रे-दीदा = आँखों का दृश्य। 11. क़स्रे-दिल = हृदय का महल। 12. जा = स्थान।

●

10

दिल अजब शह्‌र था ख़यालों का
लूटा-मारा है हुस्न वालों का

जी को जंजाल दिल को है उलझाव
यार के हल्क़ा-हल्क़ा[1] बालों का

मू-ए-दिलबर[2] से मुश्कबू[3] है नसीम[4]
हाल ख़ुश उसके ख़स्ता हालों[5] का

न कहा कुछ, न आ फिरा, न मिला
क्या जवाब उन मिरे सवालों का

दम न ले उसकी ज़ुल्फ़ों का मारा
'मीर' काटा जिये न कालों का

---

1. हल्क़ा-हल्क़ा = कड़ी-कड़ी। 2. मू-ए-दिलबर =प्रेमिका के बाल। 3. मुश्कबू = कस्तूरी की गन्ध में बसा हुआ। 4. नसीम = हवा। 5. ख़स्ता हाल = बुरा हाल।

●

11

हर ज़ीहयात[1] का है सबब[2] जो हयात[3] का
निकले है जी ही उस के लिए कायनात[4] का

बिखरी है ज़ुल्फ़[5] इस रुख़े-आलम फ़रोज़[6] पर
वर्ना बनाव होवे न दिन और रात का

हैं मुस्तहील[7] ख़ाक से अजज़ा-ए-नौख़ताँ[8]
क्या सहल है ज़मीं से निकलना नबात[9] का

उस के फ़रोग़े-हुस्न[10] से झमके है सब में नूर
शम्अ-ए-हरम[11] हो या कि दिया सोमनात का

बिलज़ात[12] है जहाँ में वो मौजूद हर जगह
है दीद[13] चश्मे-दिल के खुले ऐन ज़ात का

क्या 'मीर' तुझ को नामा-सियाही[14] का फ़िक्र है
ख़त्मे-रसूल[15]-सा शख़्स है ज़ामिन[16] नजात[17] का

---

1. ज़ीहयात = जीवधारी। 2. सबब = कारण। 3. हयात = जीवन। 4. कायनात = सृष्टि। 5. ज़ुल्फ़ = लट। 6. रुख़े-आलम फ़रोज़ = सृष्टि को प्रकाशित करने वाला मुखड़ा। 7. मुस्तहील = एक अवस्था से दूसरी अवस्था में परिवर्तन, असम्भव। 8. अजज़ा-ए-नौख़ताँ = नए अंकुरित यौवन का अंश। 9. नबात = वनस्पति। 10. फ़रोग़े-हुस्न = सौन्दर्य-प्रकाश। 11. शम्अ-ए-हरम = काबे का चिराग़। 12. बिलज़ात = अस्तित्व के प्रभाव से। 13. दीद = दर्शन। 14. नामा-सियाही = वह काग़ज़ जिस पर कुकर्मों का विवरण लिखा है। 15. ख़त्मे-रसूल = अन्तिम रसूल, अर्थात् मोहम्मद साहिब। 16. ज़ामिन = ज़मानत देने वाला। 17. नजात = मुक्ति।

●

12

क्या कहूँ तुमसे मैं कि क्या है इश्क़
जान का रोग है बला है इश्क़

इश्क़ ही इश्क़ है जहाँ देखो
सारे आलम[1] में फिर रहा है इश्क़

इश्क़ है तर्ज़ो-तौर[2] इश्क़ के तईं
कहीं बन्दा कहीं ख़ुदा है इश्क़

इश्क़ माशूक़[3] इश्क़ आशिक़[4] है
यानी अपना ही मुब्तला[5] है इश्क़

दिलकश ऐसा कहाँ है दुश्मने-जाँ
मुद्दई[6] है पे मुद्दआ[7] है इश्क़

'मीरजी' ज़र्द[8] होते जाते हो
क्या कहें तुमने भी किया है इश्क़

---

1. आलम = संसार। 2. तर्ज़ो-तौर = रंग-ढंग। 3. माशूक़ = प्रेयसी। 4. आशिक़ = आसक्त, प्रेमी। 5. मुब्तला = ग्रस्त। 6. मुद्दई = प्रतिवादी। 7. मुद्दआ = उद्देश्य। 8. ज़र्द = पीला, कमज़ोर।

●

13

अश्क आँखों में क़ब नहीं आता
लहू आता है जब नहीं आता

होश जाता नहीं रहा लेकिन
जब वो आता है तब नहीं आता

सब्र था एक मूनिसे-हिज्राँ[1]
सो वो मुद्दत से अब नहीं आता

दिल से रुख़्सत हुई कोई ख़्वाहिश
गिरिया[2] कुछ बेसबब नहीं आता

जी में क्या-क्या है अपने ऐ हमदम
पर सुख़न[3] ता ब-लब[4] नहीं आता

दूर बैठा गुबारे-'मीर' उस से
इश्क़ बिन ये अदब[5] नहीं आता

---

1. मूनिसे-हिज्राँ = वियोग का साथी। 2. गिरिया = रोना। 3. सुख़न = बोल। 4. ता ब-लब = होंठ तक। 5. अदब = संस्कारजनित सम्मान।

●

14

नज़र में तौर[1] रख उस कमनुमा[2] का
भरोसा क्या है उम्रे-बेवफ़ा[3] का

गुलों के पैरहन[4] हैं चाक[5] सारे
खुला था क्या कहीं बन्द[6] उस क़बा[7] का

परस्तिश[8] अब उसी बुत की है हर सू[9]
रहा होगा कोई बन्दा[10] ख़ुदा का

बजा है उम्र से अब एक हसरत
गया वो शोर सर का ज़ोर पा का

लगा था रोग जब से ये तभी से
असर मालूम था हम को दवा का

कहीं उस ज़ुल्फ़ से क्या लग चली है
पड़े हैं पाँव बेढ़ब कुछ सबा[11] का

---

1. तौर = ढंग। 2. कमनुमा = कम दिखाई देने वाला। 3. उम्रे-बेवफ़ा = कृतघ्न आयु। 4. पैरहन = वस्त्र। 5. चाक = विदीर्ण। 6. बन्द = कपड़े का बटन या बन्धन। 7. क़बा = लम्बा अँगरखा। 8. परस्तिश = आराधना। 9. हर सू = हर तरफ़। 10. बन्दा = भक्त। 11. सबा = प्रातः समीर।

●

15

वो राब्ता[1] नहीं वो मुहब्बत नहीं रही
उस बेवफ़ा को हमसे कुछ उल्फ़त[2] नहीं रही

देखा तो मिस्ले-अश्क[3] नज़र से गिरा दिया
अब मेरी उसकी आँख में इज़्ज़त नहीं रही

रुँधने से जी के किसको रहा है दिमाग़े-हर्फ़[4]
दम लेने की भी हमको तो फ़ुर्सत नहीं रही

दीवानगी से अपनी है अब सारी बात ख़ब्त[5]
इफ़्राते-इश्तियाक़[6] से वो मत नहीं रही

पैदा कहाँ हैं ऐसे परागन्दा तबअ[7] लोग
अफ़्सोस तुमको 'मीर' से सुहबत[8] नहीं रही

---

1. राब्ता = लगाव, सम्बन्ध। 2. उल्फ़त = मुहब्बत। 3. मिस्ले-अश्क = आँसू की तरह। 4. दिमाग़े-हर्फ़ = बात की सुध। 5. ख़ब्त = बुद्धिविकार, पागलपन। 6. इफ़्राते-इश्तियाक़ = लालसा की प्रचुरता। 7. परागन्दा तबअ = खिन्न मन। 8. सुहबत = संगति।

■

नज़ीर अकबराबादी

[1735 - 1830 ई०]

यह लीला है उस नन्द ललन, मनमोहन, जसुमति छय्या की
रख ध्यान सुनो, दंडौत करौ, जै बोलो किशन कन्हैया की।

दिल्ली के मुहम्मद फारूक के घर में बारह बच्चे पैदा हुए पर एक भी जीवित नहीं रहा। जब 1735 ई० में तेरहवें बच्चे के जन्म का समय आया तो पिता ने पीरों और फ़कीरों से ताबीज़ लाकर अपने नवजात शिशु के जीवन की दुआ माँगी। बुरी नजर से बचाने के लिए इस बालक के नाक और कान छिदवाये गये और इसे वली मुहम्मद नाम दिया गया। आगे चलकर वली मुहम्मद ने 'नज़ीर' तख़ल्लुस नाम से शायरी की और अकबराबाद में रहने के कारण 'नज़ीर अकबराबादी' के नाम से प्रसिद्धि प्राप्त की। नज़ीर के नाना नवाब सुलतान खाँ आगरा के किलेदार थे। दिल्ली के बुरे हालात देखकर 'नज़ीर' दिल्ली से अपने ननिहाल आगरा (अकबराबाद) चले गये। उस समय उनकी आयु 22-23 वर्ष की थी। उन्होंने नूरी दरवाजे पर एक मकान लिया और फिर वहीं के होकर रह गये। आगरा में ही तहवरुनिस्मा बेगम से 'नज़ीर' ने शादी की जिनसे उनकी दो सन्तानें हुईं। एक लड़का—गुलज़ार अली और एक लड़की—इमामी बेगम। 'नज़ीर' ने लम्बी आयु पायी। उसमें उन्होंने सुख भी भोगे और जीवन के कष्ट भी सहे। आगरा के बड़े-बड़े लोग उनका सम्मान करते थे और जनता के शोषित समुदाय से उनकी अत्यन्त आत्मीयता थी। जनता से उनका ऐसा घनिष्ठ सम्बन्ध था कि उनके यहाँ हिन्दू-मुस्लिम, बड़े-छोटे का भेद-भाव मिट गया था। उनके स्वभाव में ऐसी सरलता और व्यवहार में ऐसी स्वच्छन्दता थी कि सभी उनके मित्र बन जाते थे। भिखारी और खोमचेवाले भी उनसे अपने लिए कविताएँ लिखा लेते थे। आगरा के मुहल्ला ताजगंज में रहते हुए वहीं पर 1830 ई० में उनका निधन हुआ। घर के अन्दर ही उनकी समाधि बनी। 'नज़ीर' ऐसे सत्पुरुष थे कि उनकी मृत्यु के बाद बहुत से लोगों ने उन्हें बड़ा सूफ़ी-फ़कीर समझा और बहुत दिनों तक उनकी समाधि पर हर वर्ष मेला लगता रहा।

उर्दू साहित्य का सौभाग्य है कि इमामी बेगम की बेटी विलायती बेगम सन् 1900 ई० में ज़िन्दा थीं, जब औरंगाबाद कॉलेज के प्रोफ़ेसर मौलवी सैय्यद मुहम्मद अब्दुल गफ़ूर 'शहबाज' 'नज़ीर' की लेखनी पर खोज कर रहे थे। विलायती बेगम

की मदद से प्रो० शहबाज़ ने 'नज़ीर' के कलामों को सँजोया और इसे दुनिया के सामने बतौर 'ज़िन्दगानी-ए-बेनज़ीर' पेश किया, वरना 'नज़ीर' के साथ ही उनके कलाम भी शायद दफ़न हो जाते।

'नज़ीर' की शायरी को रोशनी में लाने का दूसरा स्रोत थे उनके शागिर्द—लाला बिसराय के बेटे हरबख्शराय। 'नज़ीर' इन्हें पढ़ाते थे, जब भी 'नज़ीर' कोई शेर या कलाम कहते तो हरबख्शराय उसे कॉपी में लिख लेते थे। इन्हीं कॉपियों से 'नज़ीर' के कलामों की जानकारी मिली।

मिर्ज़ा फ़रहतुल्लाह बेग का कथन है कि 'नज़ीर' आठ भाषाएँ जानते थे—अरबी, फ़ारसी, उर्दू, पंजाबी, ब्रजभाषा, मारवाड़ी, पूरबी और हिन्दी। 'नज़ीर' ने अपनी शायरी सीधी-सादी उर्दू में आम जनता के लिए की। उस ज़माने में इल्मो-अदब शाही दरबारों में पलती-पनपती थी, पर नज़ीर ही एक ऐसे शायर थे, जिन्होंने अपने आपको दरबारों से दूर रखा। नज़ीर एक धर्मनिरपेक्ष शायर थे। उन्हें कुरान और पोथी में एक ही मालिक नज़र आते थे—

जाता है हरम में कोई क़ुरआन बगल मार
कहता है कोई दैर में पोथी के समाचार।

एक विद्वान् ने 'नज़ीर' की उदार-हृदयता और उर्दू-साहित्य की एक नयी धारा निकालने की प्रशंसा करते हुए लिखा है कि—"उस मुल्क और उजाड़ संगम पर आकर 'नज़ीर' ने अज़ान भी दी और शंख भी फूँका। तसबीह भी ली और जनेऊ भी पहना। मुहर्रम में रोये, तो होली में भड़ुवे भी बने। रमज़ान में रोज़े रखे और सलूनों पर राखी बाँधने को मचल पड़े। शब्बरात पर महताबियाँ छोड़ीं तो दीवाली पर दीप सजाये। नबी, रसूल, वली, पीर, पैग़म्बर के लिए जी भरकर लिखा, तो कृष्ण, महादेव, नरसी, भैरो और नानक पर भी श्रद्धांजलि चढ़ायीं। गुलो-बुलबुल पर कहा तो आम और कोयल को पहले याद रखा। पर्दे के साथ बसन्ती साड़ी भी याद रही। और तो और, गर्मी, बरसात और सर्दी पर भी लिखा। बच्चों के लिए रीछ का बच्चा, कौआ और हिरन, गिलहरी का बच्चा, तरबूज़, पतंगबाज़ी, बुलबुलों की लड़ाई, ककड़ी, तैराकी, तिल के लड्डू पर लिखने बैठे, तो बच्चे बन गये। हर एक बालक गली-कूचे में गाता फिर रहा है। जवानों और बुड्ढों को नसीहत देने बैठे, तो लोग वज्द में आ गये। मानो क़ुरान, हदीस, वेद, गीता, उपनिषद्, पुराण सब घोलकर पी जाने वाला कोई सिद्धपुरुष बोल रहा है।"

(उद्धृत, *उर्दू साहित्य का आलोचनात्मक इतिहास,* एहतेशाम हुसैन, पृ० 99)

नज़ीर की छवि एक जन कवि की थी। उन्होंने जीवन का अध्ययन बड़ी सूक्ष्मता से किया था। साधारण-सी घटना को भी वे असाधारण तरीके से बयान करते थे। वे ऐसे विषय पर भी शायरी कर देते थे जिस पर किसी अन्य शायर का

ध्यान भी न जाता हो। नज़ीर प्रकृति के बहुत करीब थे। उन्हें पक्षी-पालन का भी शौक था। शायरी की दृष्टि से भले ही 'नज़ीर' ने रदीफ़, काफ़िया, उच्चारण और ध्वनि-सौन्दर्य का ख़्याल न रखा हो पर उनकी रचनाओं की सरलता में सरसता है।

भाषा के क्षेत्र में 'नज़ीर' सबसे उदारवादी उर्दू कवि हैं। उन्होंने अपनी रचनाओं के माध्यम से जन-संस्कृति का दिग्दर्शन कराया है। इसलिए चलताऊ हिन्दी के शब्द भी बहुतायत से प्रयोग किये हैं। व्याकरण सम्बन्धी नियमों की दृष्टि से 'नज़ीर' की भाषा 'मीर' और 'सौदा' के ज़माने की उर्दू है जिसमें पहले जैसी व्याकरण की कठोरता नहीं है।

नज़ीर अकबराबादी ने बहुत से दार्शनिक गीत भी लिखे हैं। उनमें सबसे चर्चित गीत है 'सब ठाट पड़ा रह जायेगा, जब लाद चलेगा बंजारा।' क़ैफ़ी आज़मी ने रमेश सहगल की फिल्म में इस गीत की प्रस्तुति की थी। 'नज़ीर' के गीतों को लेकर हबीब तनवीर ने 'आगरा-बाजार' जैसा क्लासिक नाटक तैयार किया। 'नज़ीर' ने लम्बा जीवन-सफ़र .स्वतन्त्रता और स्वच्छन्दता से व्यतीत किया। अन्त में वे पक्षाघात से पीड़ित रहे और अपने घर के आँगन के दो पेड़ों के बीच उन्होंने अपने प्राण त्याग दिये।

लोकभाषा का ऐसा लोकप्रिय कवि कोई दूसरा नहीं हुआ। वे एक नयी परम्परा के जन्मदाता हैं।

●

नज़ीर की शायरी

आदमीनामा

दुनिया में पादशह[1] है सो है वह भी आदमी
और मुफ़लिसो-गदा[2] है सो है वह भी आदमी
ज़रदार[3], बे-नवा[4] है सो है वह भी आदमी
नेअ़मत जो खा रहा है सो है वह भी आदमी
टुकड़े चबा रहा है सो है वह भी आदमी

अब्दाल, कुत्ब, ग़ौस, वली[5] आदमी हुए
मुनकिर भी आदमी हुए और कुफ़्र के भरे
क्या-क्या करिश्मे कश्फ़ो-करामात[6] के लिए
हत्ता[7] कि अपने ज़ुह्द-ओ-रियाज़त[8] के ज़ोर से
ख़ालिक[9] से जा मिला है सो है वह भी आदमी

फ़रऔन ने किया था जो दावा ख़ुदाई का
शद्दाद भी बिहिश्त बनाकर ख़ुदा हुआ
नमरूद भी ख़ुदा की कहाता था बरमला[10]
यह बात है समझने की आगे कहूँ मैं क्या
याँ तक जो हो चुका है सो है वह भी आदमी

याँ आदमी ही नार[11] है और आदमी ही नूर
याँ आदमी ही पास है और आदमी ही दूर

---

1. पादशह = बादशाह। 2. मुफ़लिसो-गदा = फ़कीर और निर्धन। 3. ज़रदार = धनी। 4. बे-नवा = निर्धन। 5. वली = यह सब सूफ़ियों के ऊँचे दरजे हैं। 6. कश्फ़ो-करामात = चमत्कार। 7. हत्ता = यहाँ तक। 8. रियाज़त = तपस्या। 9. ख़ालिक = ईश्वर। 10. बरमला = साफ़। 11. नार = आग।

कुल आदमी का हुस्नो-कबह[1] में है या ज़हूर[2]
शैताँ भी आदमी है जो करता है मक्रो-ज़ोर
और हादी[3] रहनुमा[4] है सो है वह भी आदमी

मसजिद भी आदमी ने बनायी है याँ मियाँ
बनते हैं आदमी ही इमाम[5] और खुत्बा-ख़्वाँ[6]
पढ़ते हैं आदमी ही कुरान और नमाज़ याँ
और आदमी ही उनकी चुराते हैं जूतियाँ
जो उनको ताड़ता है सो है वह भी आदमी

याँ आदमी पे जान को वारे है आदमी
और आदमी पे तेग़ को मारे है आदमी
पगड़ी भी आदमी की उतारे है आदमी
चिल्ला के आदमी को पुकारे है आदमी
और सुन के दौड़ता है सो है वह भी आदमी

चलता है आदमी ही मुसाफ़िर हो, ले के माल
और आदमी ही मारे है फाँसी गले में डाल
याँ आदमी ही सैद[7] है और आदमी ही जाल
सच्चा भी आदमी ही निकलता है, मेरे लाल!
और झूठ का भरा है सो है वह भी आदमी

याँ आदमी ही शादी है और आदमी विवाह
काज़ी, वकील आदमी और आदमी गवाह
ताशे बजाते आदमी चलते हैं ख़ामख़ाह
दौड़े है आदमी ही तो मशअ़ल जला के राह
और ब्याहने चढ़ा है सो है वह भी आदमी

और आदमी नक़ीब[8] सो बोले है बार-बार
और आदमी ही प्यादे हैं और आदमी सवार

---

1. हुस्नो-कबह = पाप-पुण्य। 2. ज़हूर = ज़ाहिर होना। 3. हादी = पथ-प्रदर्शक। 4. रहनुमा = पथ-प्रदर्शक। 5. इमाम = नमाज़ के नेता। 6. खुत्बा-ख़्वाँ = धार्मिक वक्ता। 7. सैद = शिकार। 8. नक़ीब = 'हटो बचो' करने वाले प्यादे।

हुक़्क़ा, सुराही, जूतियाँ दौड़ें बग़ल में मार
काँधे पे रख के पालकी हैं दौड़ते कहार
और उसमें जो पड़ा है सो है वह भी आदमी

बैठे हैं आदमी ही दुकानें लगा-लगा
और आदमी ही फिरते हैं रख सर पे ख़्वाँचा
कहता है कोई 'लो', कोई कहता है 'ला, रे ला'
किस-किस तरह की बेचें हैं चीज़ें बना-बना
और मोल ले रहा है सो है वह भी आदमी

तबले, मजीरे, दायरे सारंगियाँ बजा
गाते हैं आदमी ही हर इक तरह जा-ब-जा[1]
रंडी भी आदमी ही नचाते हैं गत लगा
और आदमी ही नाचे हैं और देख फिर मज़ा
जो नाच देखता है सो है वह भी आदमी

याँ आदमी ही लालो-जवाहर हैं बे-बहा[2]
और आदमी ही ख़ाक से बदतर है हो गया
काला भी आदमी है कि उलटा है ज्यूँ तवा
गोरा भी आदमी है कि टुकड़ा है चाँद का
बदशक्ल बदनुमा है सो है वह भी आदमी

इक आदमी हैं जिनके ये कुछ ज़र्क़-बर्क़[3] हैं
रूपे के जिनके पाँव हैं सोने के फ़र्क[4] हैं
झमके तमाम ग़र्ब[5] से ले ता-ब-शर्क[6] हैं
कमख़्वाब, ताश, शाल, दुशालों में ग़र्क[7] हैं
और चीथड़ों लगा है सो है वह भी आदमी

हैराँ हूँ यारो देखो तो यह क्या सुआँग[8] है
याँ आदमी ही चोर है और आप ही थाँग[9] है

1. जा-ब-जा = हर जगह। 2. बे-बहा = अमूल्य। 3. ज़र्क़-बर्क़ = भड़कदार (कपड़े)। 4. फ़र्क = माथे। 5. ग़र्ब = पश्चिम। 6. ता-ब-शर्क = पूर्व तक। 7. ग़र्क = डूबे। 8. सुआँग = स्वाँग। 9. थाँग = चोरों को पता देने वाले।

है छीना झपटी और कहीं बाँग ताँग है
देखा तो आदमी ही यहां मिस्ले-राँग है
फ़ौलाद से गढ़ा है सो है वह भी आदमी

मरने में आदमी ही कफ़न करते हैं तयार
नहला-धुला उठाते हैं काँधे पे कर सवार
कलमा भी पढ़ते जाते हैं रोते हैं ज़ार-ज़ार
सब आदमी ही करते हैं मुरदे के कारोबार
और वह जो मर गया है सो है वह भी आदमी

अशराफ़[1] और कमीने से ले शाह-ता-वज़ीर[2]
यह आदमी ही करते हैं सब कारे-दिल-पिज़ीर[3]
याँ आदमी मुरीद हैं और आदमी ही पीर
अच्छा भी आदमी ही कहाता है ऐ 'नज़ीर'
और सब में जो बुरा है सो है वह भी आदमी

29. अशराफ़ = शरीफों। 30. शाह-ता-वज़ीर = मंत्री तक। 31. कारे-दिल-पिज़ीर = अच्छे काम।

●

बंजारानामा

टुक हिर्सो-हवा[1] को छोड़ मियाँ, मत देस-बिदेस फिरे मारा
क़ज़्ज़ाक़[2] अजल[3] का लूटे है दिन-रात बजाकर नक़्क़ारा
क्या बधिया, भैंसा, बैल, शुतुर[4] क्या गौनें पल्ला सर भारा
क्या गेहूँ, चावल, मोठ, मटर, क्या आग, धुआँ और अंगारा
सब ठाठ पड़ा रह जावेगा जब लाद चलेगा बंजारा

गर तू है लक्खी बंजारा और खेप भी तेरी भारी है
ऐ ग़ाफ़िल तुझसे भी चढ़ता इक और बड़ा ब्योपारी है

1. हिर्सो-हवा = लालच। 2. क़ज़्ज़ाक़ = डाकू। 3. अजल = मौत। 4. शुतुर = ऊँट।

क्या शक्कर, मिसरी, क़ंद, गरी क्या साँभर मीठा-खारी है
क्या दाख, मुनक़्क़ा, सोंठ, मिरच, क्या केसर, लौंग, सुपारी है
सब ठाठ पड़ा रह जावेगा जब लाद चलेगा बंजारा

तू बधिया लादे बैल भरे जो पूरब पच्छिम जावेगा
या सूद बढ़ाकर लावेगा या टोटा घाटा पावेगा
क़ज़्ज़ाक़ अजल का रस्ते में जब भाला मार गिरावेगा
धन दौलत नाती पोता क्या इक कुनबा काम न आवेगा
सब ठाठ पड़ा रह जावेगा जब लाद चलेगा बंजारा

जब चलते-चलते रस्ते में यह ग़ौन तेरी रह जावेगी
इक बधिया तेरी मिट्टी पर फिर घास न चरने पावेगी
यह खेप जो तूने लादी है सब हिस्सों में बँट जावेगी
घी, पूत, जमाई, बेटा क्या, बंजारिन पास न आवेगी
सब ठाठ पड़ा रह जावेगा जब लाद चलेगा बंजारा

यह खेप भरे जो जाता है यह खेप मियाँ मत गिन अपनी
अब कोई घड़ी पल साअत[1] में यह खेप बदन की है कफ़नी
क्या थाल कटोरी चाँदी की क्या पीतल की डिबिया ढकनी
क्या बरतन सोने चाँदी के क्या मिट्टी की हँडिया चपनी
सब ठाठ पड़ा रह जावेगा जब लाद चलेगा बंजारा

यह धूम-धड़क्का साथ लिये क्यों फिरता है जंगल-जंगल
इक तिनका साथ न जावेगा मौक़ूफ़[2] हुआ जब अन्न और जल
घर-बार अटारी चौपारी क्या ख़ासा, नैनसुख और मलमल
क्या चिलमन, परदे फ़र्श नए क्या लाल पलंग और रंग-महल
सब ठाठ पड़ा रह जावेगा जब लाद चलेगा बंजारा

कुछ काम न आवेगा तेरे यह लालो-जमर्रुद[3] सीमो-ज़र[4]
जब पूँजी बाट में बिखरेगी हर आन बनेगी जान ऊपर

---

1. साअत = घड़ी। 2. मौक़ूफ़ = बंद। 3. लालो-जमर्रूद = लाल और पुखराज। 4. सीमो-ज़र = चाँदी-सोना।

नौबत, नक़्क़ारे, बान, निशाँ, दौलत, हशमत, फ़ौजें, लशकर
क्या मसनद, तकिया, मुल्क मकां, क्या चौकी, कुर्सी, तख़्त, छतर
सब ठाठ पड़ा रह जावेगा जब लाद चलेगा बंजारा

क्यों जी पर बोझ उठाता है इन गौनों भारी-भारी के
जब मौत का डेरा आन पड़ा फिर दूने हैं व्योपारी के
क्या साज़ जड़ाऊ, ज़र[1] ज़ेवर क्या गोटे थान किनारी के
क्या घोड़े ज़ीन सुनहरी के क्या हाथी लाल अंबारी के
सब ठाठ पड़ा रह जावेगा जब लाद चलेगा बंजारा

मग़रूर[2] न हो तलवारों पर मत भूल भरोसे ढालों के
सब पत्ता तोड़ के भागेंगे मुँह देख अजल के भालों के
क्या डिब्बे मोती हीरों के क्या ढेर ख़ज़ाने मालों के
क्या बुक़चे ताश[3], मुशज्जर[4] के क्या तख़्ते शाल दुशालों के
सब ठाठ पड़ा रह जावेगा जब लाद चलेगा बंजारा

क्या सख़्त मकाँ बनवाता है खँभ तेरे तन का है पोला
तू ऊँचे कोट उठाता है वां गोर[5] गढ़े ने मुँह खोला
क्या रैनी[6], ख़ंदक, रंद[7] बड़े, क्या बुर्ज, कंगूरा अनमोला
गढ़, कोट, रहकला, तोप, क़िला, क्या शीशा दारू और गोला
सब ठाठ पड़ा रह जावेगा जब लाद चलेगा बंजारा

हर आन नफ़े और टोगे में क्यों मरता फिरता है बन-बन
टुक ग़ाफ़िल दिल में सोच ज़रा है साथ लगा तेरे दुश्मन
क्या लौंडी, बाँदी, दाई, ददा[8] क्या बन्दा, चेला नेक चलन
क्या मसजिद, मंदिर, ताल, कुआँ क्या खेतीबाड़ी, फूल, चमन
सब ठाठ पड़ा रह जावेगा जब लाद चलेगा बंजारा

---

1. ज़र = सोना। 2. मग़रूर = घमण्डी। 3. ताश = एक तरह का छपा हुआ कपड़ा। 4. मुशज्जर = वह कपड़ा जिस पर पेड़ों का डिजाइन हो। 5. गोर = क़ब्र। 6. रैनी = क़िले की छोटी दीवार। 7. रंद = दीवार के वे सूराख़ जिनमें से बन्दूकों की मार की जाय। 8. ददा = बूढ़ी नौकरानी।

जब मर्ग[1] फिराकर चाबुक को यह बैल बदन का हाँकेगा
कोई ताज समेटेगा तेरा कोई गौन सिए और टाँकेगा
हो ढेर अकेला जंगल में तू ख़ाक लहद[2] की फाँकेगा
उस जंगल में फिर आह 'नज़ीर' इक तिनका आन न झाँकेगा
सब ठाठ पड़ा रह जावेगा जब लाद चलेगा बंजारा

---

1. मर्ग = मौत। 2. लहद = क़ब्र।

●

मुफ़लिसी

जब आदमी के हाल पे आती है मुफ़लिसी[1]
किस-किस तरह से उसको सताती है मुफ़लिसी
प्यासा तमाम रोज़ बिठाती है मुफ़लिसी
भूखा तमाम रात सुलाती है मुफ़लिसी
यह दुख वो जाने जिस पे कि आती है मुफ़लिसी

जो अहले-फ़ज़्ल[2] आलिमो-फ़ाज़िल कहाते हैं
मुफ़लिस हुए तो कलमा तलक भूल जाते हैं
पूछे कोई 'अलिफ़' जो उसे 'बे' बताते हैं
वह जो ग़रीबो-गुरबा के लड़के पढ़ाते हैं
उनकी तो उम्र भर नहीं जाती है मुफ़लिसी

जब रोटियों के बँटने का आकर पड़े शुमार
मुफ़लिस को देवें एक तवंगर[3] को चार-चार
गर और माँगे वह तो उसे झिड़के बार-बार
इस मुफ़लिसी का आह बयाँ क्या करूँ मैं यार
मुफ़लिस को इस जगह भी चबाती है मुफ़लिसी

मुफ़लिस की कुछ नज़र नहीं रहती है आन पर
देता है अपनी जान वो एक-एक नान[4] पर

---

1. मुफ़लिसी = गरीबी। 2. अहले-फ़ज़्ल = विद्वान्। 3. तवंगर = मालदार। 4. नान = रोटी।

हर आन टूट पड़ता है रोटी के ख़्वान[1] पर
जिस तरह कुत्ते लड़ते हैं इक उस्तख़्वान[2] पर
वैसा ही मुफ़लिसों को लड़ाती है मुफ़लिसी

लाज़िम है गर ग़मी में कोई शोरगुल मचाय
मुफ़लिस बग़ैर ग़म के ही करता है हाय-हाय
मर जाय गर कोई तो कहाँ से उसे उठाय
इस मुफ़लिसी की ख़्वारियाँ क्या-क्या कहूँ मैं हाय
मुर्दे को बेकफ़न के गड़ाती है मुफ़लिसी

क्या-क्या मैं मुफ़लिसी की कहूँ ख़्वारी फकड़ियाँ
झाडू बग़ैर घर में बिखरती हैं झकड़ियाँ
कोने में जाले लिपटे हैं, छप्पर में मकड़ियाँ
पैदा न होंवें जिसके जलाने को लकड़ियाँ
दरिया में उनके मुर्दे बहाती है मुफ़लिसी

बीवी की नथ न लड़के के हाथों कड़े रहे
कपड़े मियाँ के बनिये के घर में पड़े रहे
जब कड़ियाँ बिक गईं तो खँडहर में पड़े रहे
ज़ंजीर नै[3] किवाड़ न पत्थर गड़े रहे
आख़िर को ईंट-ईंट खुदाती है मुफ़लिसी

नक़्क़ाश[4] पर भी ज़ोर जब आ मुफ़लिसी करे
सब रंग दम में करदे मुसव्वर[5] के किरकिरे
सूरत ही उसकी देख के मुँह खिंच रहे परे
तसवीर और नक़्श[6] में वह रंग क्या भरे
उसके तो मुँह का रंग उड़ाती है मुफ़लिसी

जब मुफ़लिसी से होवे कलावंत का दिल उदास
फिरता है ले तँबूरे को हर घर के आस-पास

---

1. ख़्वान = थाल। 2. उस्तख़्वान = हड्डी। 3. नै = न। 4. नक़्क़ाश = चित्रकार। 5. मुसव्वर = चित्रकार। 6. नक़्श = रेखाओं।

इक पाव सेर आटे की दिल में लगा के आस
गौरी का वक़्त होवे तो गाता है वह विभास
यहाँ तक हवास उसके उड़ाती है मुफ़लिसी

मुफ़लिस जो ब्याह बेटी का करता है बोल-बोल
पैसा कहाँ जो जाके वो लावे जहेज़ मोल
जोरू का वह गला है कि फूटा हो जैसे ढोल
घर की हलालख़ोरी[1] तलक करती है ठिठोल
हैबत[2] तमाम उसकी उठाती है मुफ़लिसी

बेटे का ब्याह हो तो न भाई न साथी है
नै रोशनी न बाजे की आवाज़ आती है
माँ पीछे एक मैली चादर ओढ़े जाती है
बेटा बना है दूल्हा तो बाबा बराती है
मुफ़लिस की यह बरात चढ़ाती है मुफ़लिसी

दरवाज़े पर ज़नाने बजाते हैं तालियाँ
और घर में बैठी डोमनी देती हैं गालियाँ
मालिन गले की हार हो दौड़ी ले डालियाँ
सक़्क़ा खड़ा सुनाता है बातें रिज़ालियाँ[3]
यह ख़्वारी यह खराबी दिखाती है मुफ़लिसी

कोई 'शूम, बेहया' कोई बोला 'निखट्टू है'
बेटी ने जाना बाप तो मेरा निखट्टू है
बेटे पुकारते हैं कि 'बाबा निखट्टू है'
बीवी ये दिल में कहती है 'अच्छा निखट्टू है'
आख़िर निखट्टू नाम धराती है मुफ़लिसी

चूल्हा तवा न पानी के मटके में आबी[4] है
पीने को कुछ, न खाने को और न रकाबी है

---

1. हलालख़ोरी = भंगिन। 2. हैबत = डर। 3. रिज़ालियाँ = बेहूदा। 4. आबी = आब (पानी) ही।

मुफ़लिस के साथ सब के तईं बेहिजाबी[1] है
मुफ़लिस की जोरू सच है कि हाँ सबकी भाभी है
इज़्ज़त सब उसके दिल की गँवाती है मुफ़लिसी

मुफ़लिस किसी का लड़का जो ले प्यार से उठा
बाप उसका देखे हाथ का और पाँव का कड़ा
कहता है कोई 'जूती न लेवे कहीं चुरा'
नटखट, उचक्का, चोर, दग़ाबाज़, गठकटा
सौ-सौ तरह के ऐब लगाती है मुफ़लिसी

दुनिया में लेके शाह से ऐ यारो ता-फ़क़ीर[2]
ख़ालिक़[3] न मुफ़लिसी में किसी को करे असीर[4]
अशराफ़[5] को बनाती है इक आन में हक़ीर[6]
क्या-क्या मैं मुफ़लिसी की ख़राबी कहूँ 'नज़ीर'
वह जाने जिसके दिल को जलाती है मुफ़लिसी

---

1. बेहिजाबी = खुलापन। 2. ता-फ़क़ीर = फ़क़ीर का। 3. ख़ालिक़ = ईश्वर। 4. असीर = क़ैदी। 5. अशराफ़ = शरीफों। 6. हक़ीर = क्षुद्र।

●

रोटियाँ

जब आदमी के पेट में आती हैं रोटियाँ
फूली नहीं बदन में समाती हैं रोटियाँ
आँखें परी-रुख़ों[1] से लड़ाती हैं रोटियाँ
सीने ऊपर भी हाथ चलाती हैं रोटियाँ
जितने मज़े हैं सब ये दिखाती हैं रोटियाँ

रोटी से जिसका नाक तलक पेट है भरा
करता फिरे है क्या वो उछल-कूद जा-ब-जा[2]

---

1. परी-रुख़ों = सुन्दरियों। 2. जा-ब-जा = हर जगह।

दीवार फाँदकर कोई कोठा उछल गया
ठट्ठा, हँसी, शराब, सनक, साक़ी, उस सिवा
सौ-सौ तरह की धूमें मचाती हैं रोटियाँ

पूछा किसी ने यह किसी कामिल[1] फ़क़ीर से
यह मेह्रो-माह[2] हक[3] ने बनाए हैं काहे से
वह सुन के बोला, ''बाबा, खुदा तुझको ख़ैर दे
हम तो न चाँद समझें न सूरज हैं जानते
बाबा हमें तो यह नज़र आती हैं रोटियाँ''

रोटी न पेट में हो तो फिर कुछ जतन न हो
मेले की सैर, ख़्वाहिशे-बाग़ो-चमन न हो
भूखे ग़रीब दिल की खुदा से लगन न हो
सच है कहा किसी ने कि, ''भूखे भजन न हो''
अल्लाह की भी याद दिलाती हैं रोटियाँ

रोटी से नाचे प्याना क़वायद दिखा-दिखा
असवार नाचे घोड़े को कावा[4] लगा लगा
घुँघरू को बाँधे पैक[5] भी फिरता है नाचता
और इसके सिवा ग़ौर से देखो तो जा-ब-जा
सौ सौ तरह के नाच दिखाती हैं रोटियाँ

रोटी के नाच तो हैं सभी खल्क[6] में पड़े
कुछ भाँड भगैते ये नहीं फिरते नाचते
यह रंडियाँ तो नाचे हैं घूँघट को मुँह पे ले
घूँघट न जानो दोस्तो तुम ज़ीनहार[7] उसे
इस परदे में ये अपने कमाती हैं रोटियाँ

दुनिया में अब बदी न कहीं और निकोई[8] है
या दुश्मनी व दोस्ती या तुन्द-ख़ूई[9] है

---

1. कामिल = पूर्ण। 2. मेह्रो-माह = सूर्य-चन्द्रमा। 3. हक = ईश्वर। 4. कावा = एड़। 5. पैक = हरकारा। 6. खल्क = दुनिया। 7. ज़ीनहार = हर्गिज़। 8. निकोई = नेकी। 9. तुन्द-ख़ूई = क्रोधी स्वभाव।

कोई किसी का और किसी का न कोई है
सब कोई है उसी का कि जिस हाथ डोई है
नौकर, नफ़र[1] गुलाम बनाती हैं रोटियाँ

रोटी का अब अज़ल[2] से हमारा तो है ख़मीर
रूखी ही रोटी हक में हमारे है शहदो-शीर[3]
या पतली होवे मोटी, ख़मीरी हो या कतीर[4]
गेहू, जुआर, बाज़रे की जैसी हो 'नज़ीर'
हमको तो सब तरह की ख़ुश आती हैं रोटियाँ

---

1. नफ़र = नौकर। 2. अज़ल = आदि दिवस। 3. शहदो-शीर = दूध और शहद। 4. कतीर = मामूली आटे की।

●

होली की बहारें

जब फ़ागुन रंग झमकते हों तब देख बहारें होली की।
और दफ़ के शोर खड़कते हों तब देख बहारें होली की।
परियों के रंग दमकते हों तब देख बहारें होली की।
ख़म शीशए[1] जाम[2] छलकते हों तब देख बहारें होली की।
महबूब नशे में छकते हों तब देख बहारें होली की॥ 1॥

हो नाच रँगीली परियों का बैठे हों गुलरू[3] रंग भरे।
कुछ भीगी तानें होली की कुछ नाज़ो अदा के ढंग भरे।
दिन भूले देख बहारों को और कानों में आहंग[4] भरे।
कुछ तबले खड़के रंग भरे कुछ ऐश के दम मुँहचंग भरे।
कुछ घुँघरू ताल झनकते हों तब देख बहारें होली की॥ 2॥

---

1. शीशए = सागर। 2. जाम = शराब की प्याला। 3. गुलरू = फूल जैसे सुन्दर, सुकोमल और सुकुमार मुख वाली नायिका। 4. आहंग = गान।

सामान जहाँ तक होता है इस इश्रत[1] के मतलूबों[2] का।
वह सब सामान मुहैया हो और बाग़ खिला हो ख़ूबों[3] का।
हर आन शराबें ढलती हों और ठठ हो रंग के डूबों का।
इस ऐश मज़े के आ़लम में एक ग़ोल खड़ा महबूबों का।
कपड़ों पर रंग छिड़कते हों तब देख बहारें होली की॥ 3॥

गुलज़ार[4] खिले हों परियों के और मजलिस की तैयारी हो।
कपड़ों पर रंग के छींटों से खुश रंग अजब गुलकारी हो।
मुँह लाल, गुलाबी आँखें हों और हाथों में पिचकारी हो।
उस रंग भरी पिचकारी को अँगिया पर तक कर मारी हो।
सीनों से रंग ढलकते हों तब देख बहारें होली की॥ 4॥

उस रंग रँगीली मजलिस में वह रंडी नाचने वाली हो।
मुँह जिसका चाँद का टुकड़ा हो और आँख भी मै[5] की प्याली हो।
बदमस्त, बड़ी मतवाली हो, हर आन बजाती ताली हो।
मैं नोशी[6] हो बेहोशी हो भड़ुए के मुँह में गाली हो।
भड़ुए[7] भी भड़वा[8] बकते हों, तब देख बहारें होली की॥ 5॥

और एक तरफ़ दिल लेने को महबूब भवैयों[9] के लड़के।
हर आन घड़ी गत भरते हों कुछ घट-घट के कुछ बढ़-बढ़के।
कुछ नाज जतावें लड़ लड़के कुछ होली गावें अड़-अड़ के।
कुछ लचकें शोख़ कमर पतली कुछ हाथ चले कुछ तन फड़के।
कुछ काफ़िर नैन मटकते हों तब देख बहारें होली की॥ 6॥

यह धूम मची हो होली की और ऐश मजे का छक्कड़ हो।
उस खींचा खींच घसीटी पर भड़ुए रंडी का फक्कड़ हो।

---

1. इश्रत = सुख, आनन्द, खुशी। 2. मतलूबों = इच्छुक, प्रेमी। 3. ख़ूबों = सुन्दर, माशूक, प्रियतमाएँ। 4. ग़ुलज़ार = बाग़। 5. मै = शराब। 6. नोशी = शराब पीना। 7. भड़ुए = वेश्याओं के साथ नकल करने वाले। 8. भड़वा = नकल, मजाक। 9. भवैयों = भाव बताकर नाचने वाले।

माजून[1] शराबें नाज मज़ा और टिकिया[2] सुल्फ़ा[3] कक्कड़[4] हो।
लड़ भिड़के 'नज़ीर' फिर निकला हो कीचड़ में लत्थड़ पत्थड़ हो।
जब ऐसे ऐश झमकते हों तब देख बहारें होली की॥ 7॥

1. माजून = कुटी हुई दवाओं को शहद या शंकर के क़िवाम में मिलाकर बनाया हुआ अवलेहन। 2. टिकिया = चरस, गाँजे वगैरह की गोल टिकिया जो चिलम में रखकर पीते हैं। 3. सुल्फ़ा = चरस। 4. कक्कड़ = जल्द सुलग जाने के लिए, गीले और सूखे तम्बाकू को मिलाकर भुरभुरा बनाया हुआ पीने का तम्बाकू, एक भाँति का लम्बे नेले का हुक्का. मिट्टी का बड़ा हुक्का।

●

कन्हैया का बालपन

यारो सुनो! यह दधि के लुटैया का बालपन।
और मधुपुरी नगर के बसैया का बालपन॥
मोहन सरूप निरत करैया का बालपन।
बन-बन के ग्वाल गौएँ चरैया का बालपन॥
ऐसा था बाँसुरी के बजैया का बालपन।
क्या-क्या कहूँ मैं किशन कन्हैया का बालपन॥ 1॥

ज़ाहिर में सुत वह नन्द जसोदा के आप थे।
वर्ना वह आप माई थे और आप बाप थे॥
पर्दे में बालपन के यह उनके मिलाप थे।
जोती सरूप कहिये जिन्हें सो वह आप थे॥
ऐसा था बाँसुरी के बजैया का बालपन।
क्या-क्या कहूँ मैं किशन कन्हैया का बालपन॥ 2॥

उनको तो बालपन से न था काम कुछ ज़रा।
संसार की जो रीति थी उसको रखा बजा॥
मालिक थे वह तो आपी उन्हें बालपन से क्या।
वां बालपन, जवानी, बुढ़ापा, सब एक था॥

ऐसा था बाँसुरी के बजैया का बालपन।
क्या-क्या कहूँ मैं किशन कन्हैया का बालपन॥ 3॥

मालिक जो होवे उसको सभी ठाठ याँ सरे।
चाहे वह नंगे पाँव फिरे या मुकुट धरे॥
सब रूप हैं उसी के वह जो चाहे सो करे।
चाहे जवां हो, चाहे लड़कपन से मन हरे॥
ऐसा था बाँसुरी के बजैया का बालपन।
क्या-क्या कहूँ मैं किशन कन्हैया का बालपन॥ 4॥

बाले हो व्रज राज जो दुनियाँ में आ गए।
लीला के लाख रंग तमाशे दिखा गए॥
इस बालपन के रूप में कितनों को भा गए।
इक यह भी लहर थी कि जहाँ को जता गए॥
ऐसा था बाँसुरी के बजैया का बालपन।
क्या-क्या कहूँ मैं किशन कन्हैया का बालपन॥ 5॥

यूँ बालपन तो होता है हर तिफ़्ल[1] का भला।
पर उनके बालपन में तो कुछ और भेद था॥
इस भेद की भला जी, किसी को ख़बर है क्या।
क्या जाने अपने खेलने आये थे क्या कला॥
ऐसा था बाँसुरी के बजैया का बालपन।
क्या-क्या कहूँ मैं किशन कन्हैया का बालपन॥ 6॥

राधारमन तो यारो अज़ब जायेगौर[2] थे।
लड़कों में वह कहाँ है, जो कुछ उनमें तौर थे॥
आप ही वह प्रभू नाथ थे आप ही वह दौर थे।
उनके तो बालपन ही में तेवर कुछ और थे॥
ऐसा था बाँसुरी के बजैया का बालपन।
क्या-क्या कहूँ मैं किशन कन्हैया का बालपन॥ 7॥

---

1. तिफ़्ल = बच्चा। 2. जायेगौर = विचार करने योग्य।

वह बालपन में देखते जीधर नज़र उठा।
पत्थर भी एक बार तो बन जाता मोम सा॥
उस रूप को ज्ञानी कोई देखता जो आ।
दंडवत ही वह करता था माथा झुका झुका॥
ऐसा था बाँसुरी के बजैया का बालपन।
क्या-क्या कहूँ मैं किशन कन्हैया का बालपन॥ 8॥

पर्दा न बालपन का वह करते अगर जरा।
क्या ताब थी जो कोई नज़र भर के देखता॥
झाड़ और पहाड़ देते सभी अपना सर झुका।
पर कौन जानता था जो कुछ उनका भेद था॥
ऐसा था बाँसुरी के बजैया का बालपन।
क्या-क्या कहूँ मैं किशन कन्हैया का बालपन॥ 9॥

मोहन, मदन, गोपाल हरी बंस, मन हरन।
बलिहारी उनके नाम पै मेरा यह तन बदन॥
गिरधारी, नन्दलाल, हरि नाथ, गोबरधन।
लाखों किये बनाव, हज़ारों किये जतन॥
ऐसा था बाँसुरी के बजैया का बालपन।
क्या-क्या कहूँ मैं किशन कन्हैया का बालपन॥ 10॥

पैदा तो मधु पुरी में हुए श्याम जी मुरार।
गोकुल में आके नन्द के घर में लिया क़रार[1]॥
नन्द उनको देख होवे था जी जान से निसार[2]।
माई जसोदा पीती थी पानी को बार बार॥
ऐसा था बाँसुरी के बजैया का बालपन।
क्या-क्या कहूँ मैं किशन कन्हैया का बालपन॥ 11॥

जब तक कि दूध पीते रहे ग्वाल ब्रज राज।
सबके गले के कठुले थे और सबके सर के ताज॥

---

1. क़रार = ठहराव। 2. निसार = न्यौछावर।

सुन्दर जो नारियाँ थीं वह करती थीं कामो-काज।
रसिया का उन दिनों तो अजब रस का था मिज़ाज॥
ऐसा था बाँसुरी के बजैया का बालपन।
क्या-क्या कहूँ मैं किशन कन्हैया का बालपन॥ 12॥

बदशक्ल से तो रोके सदा दूर हटते थे।
और ख़ूबरू को देखके हँस-हँस चिमटते थे॥
जिन नारियों से उनके ग़मो-दर्द बँटते थे।
उनके तो दौड़-दौड़ गले से लिपटते थे॥
ऐसा था बाँसुरी के बजैया का बालपन।
क्या-क्या कहूँ मैं किशन कन्हैया का बालपन॥ 13॥

अब घुटनियों का उनके मैं चलना बयाँ करूँ।
या मीठी बातें मुँह से निकलना बयाँ करूँ॥
या. बालकों की तरह से पलना बयाँ करूँ।
या गोदियों में उनका मचलना बयाँ करूँ॥
ऐसा था बाँसुरी के बजैया का बालपन।
क्या-क्या कहूँ मैं किशन कन्हैया का बालपन॥ 14॥

पाटी पकड़के चलने लगे जब मदन गोपाल।
धरती तमाम हो गई एक आन में निहाल[1]॥
बासुक चरन छूने को चले छोड़ कर पताल।
आकास पर भी धूम मची देख उनकी चाल॥
ऐसा था बाँसुरी के बजैया का बालपन।
क्या-क्या कहूँ मैं किशन कन्हैया का बालपन॥ 15॥

थी उनकी चाल की तो अजब, यारो चाल-ढाल।
पाँवों में घुंघरू बाजते, सर पर झँडूले बाल॥
चलते ठुमक-ठुमक के जो वह डगमगाती चाल।
थाँबें कभी जसोदा कभी नन्द लें सँभाल॥

---

1. निहाल = समृद्ध।

ऐसा था बाँसुरी के बजैया का बालपन।
क्या-क्या कहूँ मैं किशन कन्हैया का बालपन॥ 16॥

पहने झगा गले में जो वह दखिनी चीर का।
गहने में भर रहा गोया लड़का अमीर का॥
जाता था होश देख के शाहो वज़ीर का।
मैं किस तरह कहूँ इसे छोरा अहीर का॥
ऐसा था बाँसुरी के बजैया का बालपन।
क्या-क्या कहूँ मैं किशन कन्हैया का बालपन॥ 17॥

जब पाँवों चलने लागे बिहारी नन्द किशोर।
माखन उचक्के ठहरे, मलाई दही के चोर॥
मुँह हात दूध से भरे कपड़े भी शोर-बोर।
डाला तमाम व्रज की गलियों में अपना शोर॥
ऐसा था बाँसुरी के बजैया का बालपन।
क्या-क्या कहूँ मैं किशन कन्हैया का बालपन॥ 18॥

करने लगे यह धूम, जो गिरधारी नन्द लाल।
इक आप और दूसरे साथ उनके ग्वाल बाल॥
माखन दही चुराने लगे सबके देख भाल।
दी अपनी दधि की चोरी की घर घर में धूम डाल॥
ऐसा था बाँसुरी के बजैया का बालपन।
क्या-क्या कहूँ मैं किशन कन्हैया का बालपन॥ 19॥

थे घर जो ग्वालिनों के लगे घर से जा-बजा।
जिस घर को ख़ाली देखा उसी घर में जा फिरा॥
माखन मलाई, दूध, जो पाया सो खा लिया।
कुछ खाया, कुछ ख़राब किया, कुछ गिरा दिया॥
ऐसा था बाँसुरी के बजैया का बालपन।
क्या-क्या कहूँ मैं किशन कन्हैया का बालपन॥ 20॥

कोठी में होवे फिर तो उसी को ढँढोरना।
गोली में हो तो उसमें भी था मुँह को बोरना॥

ऊँचा हो तो भी काँधे पै चढ़ कर न छोड़ना।
पहुँचा न हाथ तो उसे मुरली से फोड़ना॥
ऐसा था बाँसुरी के बजैया का बालपन।
क्या-क्या कहूँ मैं किशन कन्हैया का बालपन॥ 21॥

गर चोरी करते आ गई ग्वालिन कोई वहाँ।
और उसने आ पकड़ लिया तो उससे बोले हाँ॥
मैं तो तेरे दही की उड़ाता था मक्खियाँ।
खाता नहीं मैं उसकी निकाले था चूँटियाँ॥
ऐसा था बाँसुरी के बजैया का बालपन।
क्या-क्या कहूँ मैं किशन कन्हैया का बालपन॥ 22॥

गर मारने को हाथ उठाती कोई ज़रा।
तो उसकी अँगिया फाड़ते घूसे लगा लगा॥
चिल्लाते गाली देते, मचल जाते जा बजा।
हर तरह वाँ से भाग निकलते उड़ा छुड़ा॥
ऐसा था बाँसुरी के बजैया का बालपन।
क्या-क्या कहूँ मैं किशन कन्हैया का बालपन॥ 23॥

गुस्से में कोई हाथ पकड़ती जो आन कर।
तो उसको वह सरूप दिखाते थे मुरलीधर॥
जो आपी लाके धरती वह माखन कटोरी भर।
गुस्सा वह उनका आन में जाता वहीं उतर॥
ऐसा था बाँसुरी के बजैया का बालपन।
क्या-क्या कहूँ मैं किशन कन्हैया का बालपन॥ 24॥

उनको तो देख ग्वालिनें जी जान पाती थीं।
घर में इसी बहाने से उनको बुलाती थीं॥
ज़ाहिर में उनके साथ से वह ग़ुल मचाती थीं।
पर्दे में सब वह किशन के बलिहारी थीं॥
ऐसा था बाँसुरी के बजैया का बालपन।
क्या-क्या कहूँ मैं किशन कन्हैया का बालपन॥ 25॥

कहतीं थीं दिल में दूध जो अब हम छिपाएँगे।
श्रीकिशन इसी बहाने हमें मुँह दिखाएँगे॥
और जो हमारे घर में यह माखन न पाएँगे।
तो उनको क्या ग़रज है यह काहे को आएँगे॥
ऐसा था बाँसुरी के बजैया का बालपन।
क्या-क्या कहूँ मैं किशन कन्हैया का बालपन॥ 26॥

सब मिल जसोदा पास यह कहती थीं आके बीर।
अब तो तुम्हारा कान्ह हुआ है बड़ा शरीर॥
देता है हमको गालियाँ फिर फाड़ता है चीर।
छोड़े दही न दूध, न माखन, मही न खीर॥
ऐसा था बाँसुरी के बजैया का बालपन।
क्या-क्या कहूँ मैं किशन कन्हैया का बालपन॥ 27॥

माता जसोदा उनकी बहुत करतीं मिनतियाँ।
और कान्ह को डरातीं उठा बन की साँटियाँ॥
जब कान्ह जी जसोदा से करते यही बयाँ।
तुम सच न जानो माता, यह सारी हैं झूटियाँ॥
ऐसा था बाँसुरी के बजैया का बालपन।
क्या-क्या कहूँ मैं किशन कन्हैया का बालपन॥ 28॥

माता कभी यह मेरी छुँगलिया छुपाती हैं।
जाता हूँ राह में तो मुझे छेड़ जाती हैं॥
आप ही मुझे रुठाती हैं आपी मनाती हैं।
मारो इन्हें यह मुझको बहुत सा सताती हैं॥
ऐसा था बाँसुरी के बजैया का बालपन।
क्या-क्या कहूँ मैं किशन कन्हैया का बालपन॥ 29॥

माता कभी यह मुझको पकड़ कर ले जाती है।
गाने में अपने साथ मुझे भी गवाती हैं॥

सब नाचती हैं आप मुझे भी नचाती हैं।
आप ही तुम्हारे पास यह फ़रयादी[1] आती हैं॥
ऐसा था बाँसुरी के बजैया का बालपन।
क्या-क्या कहूँ मैं किशन कन्हैया का बालपन॥ 30॥

एक रोज़ मुँह में कान्ह ने माखन झका दिया।
पूछा जसोदा ने तो वहीं मुँह बना दिया॥
मुँह खोल तीन लोंक का आलम दिखा दिया।
एक आन में दिखा दिया और फिर भुला दिया॥
ऐसा था बाँसुरी के बजैया का बालपन।
क्या-क्या कहूँ मैं किशन कन्हैया का बालपन॥ 31॥

थे कान्ह जी तो नंद जसोदा के घर के माह।
मोहन नवल किशोर की थी सबके दिल में चाह॥
उनको जो देखना था सो कहता था वाह-वाह।
ऐसा तो बालपन न हुआ है किसी का आह॥
ऐसा था बाँसुरी के बजैया का बालपन।
क्या-क्या कहूँ मैं किशन कन्हैया का बालपन॥ 32॥

सब मिलके यारो किशन मुरारी की बोलो जै।
गोबिन्द छैल कुंज बिहारी की बोलो जै॥
दधिचोर गोपी नाथ, बिहारी की बोलो जै।
तुम भी 'नज़ीर' किशन बिहारी की बोलो जै॥
ऐसा था बाँसुरी के बजैया का बालपन।
क्या-क्या कहूँ मैं किशन कन्हैया का बालपन॥ 33॥

---

1. फ़रयादी = गुहार लेकर।

■

बहादुर शाह ज़फ़र

[1775 - 1862 ई०]

हिन्दियों में बू रहेगी जब तलक ईमान की
तख़्ते-लंदन पर चलेगी तेग़ हिन्दुस्तान की।

सम्राट् बहादुर शाह ज़फ़र का पूरा नाम अबु ज़फ़र सिराजुद्दीन मुहम्मद बहादुर शाह ज़फ़र था। बहादुर शाह ज़फ़र का जन्म 24 अक्टूबर 1775 को हुआ था। शाहआलम के दूसरे बेटे अकबर शाह (द्वितीय) की हिन्दू बेगम लालबाई ने बहादुर शाह 'ज़फ़र' को जन्म दिया। इनका जन्म शाही खानदान में हुआ और वह भी दिल्ली के ऐतिहासिक लालकिले में, इसलिए बचपन से ही इनका लालन-पालन और शिक्षा-दीक्षा का प्रबन्ध भी शाहजादों जैसा हुआ। 1857 में जब हिन्दुस्तान की आजादी की चिनगारी भड़की तो सभी विद्रोही सैनिकों और राजा-महाराजाओं ने उन्हें हिन्दुस्तान का सम्राट् माना और उनके नेतृत्व में अंग्रेजों की ईंट से ईंट बजा दी, लेकिन बाद में अंग्रेजों के छल-कपट के चलते प्रथम स्वाधीनता संग्राम का रुख बदल गया। इसी समय उनके एक विश्वासपात्र वजीर इलाहीबख़्श ने विश्वासघात कर उन्हें गिरफ्तार करा दिया। मेजर हड्स ने उन्हें उनके बेटे मिर्जा मुगल और खिजर सुल्तान व पोते अबू बकर के साथ पकड़ लिया। जब बहादुर शाह ज़फ़र को भूख लगी तो अंग्रेज उनके सामने थाली में परोसकर उनके बेटों के सिर ले आये। उन्होंने अंग्रेजों को जवाब दिया कि—''हिन्दुस्तान के बेटे देश के लिए सिर कुर्बान कर अपने बाप के पास इसी अन्दाज में आया करते हैं।'' फिर अंग्रेजों ने उन्हें रंगून (अब म्याँमार) भेज दिया, जहाँ सात नवम्बर 1862 ई० में उनका निधन हो गया। उन्हें रंगून में श्वेडागोन पैगोडा के नजदीक दफनाया गया। उनके दफन-स्थल को अब बहादुर शाह ज़फ़र दरगाह के नाम से जाना जाता है।

बहादुर शाह ज़फ़र सिर्फ एक देशभक्त मुगल बादशाह ही नहीं बल्कि उर्दू के मशहूर कवि भी थे। उन्होंने बहुत सी कविताएँ लिखीं, जिनमें से काफी अंग्रेजों के खिलाफ़ बगावत के समय मची उथल-पुथल के दौरान खो गयीं या नष्ट हो गयीं।

बहादुर शाह ज़फ़र का जीवन एक नाम-मात्र के बादशाह का जीवन था। बादशाह की शानो-शौकत खोकर उन्होंने काव्य-संसार में अपने लिए एक ऊँचा स्थान बना लिया था। एक असफल बादशाह होते हुए भी वह एक सफल कवि बन गये। अपनी इसी मनोदशा के कारण उन्होंने लिखा कि—

न किसी की आँख का नूर हूँ, न किसी के दिल का क़रार हूँ।
जो किसी के काम न आ सके, मैं वो एक मुश्ते-गुबार हूँ।

ज़फ़र के स्वभाव में विलास-प्रियता और सूफ़ियों के आध्यात्मिक प्रभाव का सम्मिश्रण मिलता है। उनका सौन्दर्य-बोध बहुत निखरा है, साथ ही प्रेम और सौहार्द की भावनाएँ उनमें अत्यधिक दिखायी देती हैं। काव्य के क्षेत्र में उनकी रुचि अत्यन्त परिष्कृत थी, और उन्होंने अपने ज़माने के चोटी के उस्ताद शाह 'नसीर' से काव्य-दीक्षा ली और उनके बाद 'ज़ौक़' जैसे विद्वान् तथा अधिकारी कवि को अपना गुरु बनाया। 'ज़फ़र' की रचनाओं के तीन स्पष्ट गुण देखने को मिलते हैं—(1) करुणा, (2) सरलता तथा स्पष्टता, (3) माधुर्य और गीतात्मकता।

'ज़फ़र' की रचना में 'करुणा' और 'माधुर्य' के गुण पर्याप्त मात्रा में प्राप्त होते हैं। 'ज़फ़र' की करुणा 'मीर' की भाँति सर्वव्यापी भले न हो लेकिन उसमें तीव्रता और टीस काफ़ी है जो सुनने वालों को तड़पा देती है। ज़फ़र की भाषा दिल्ली की बोलचाल की शुद्ध भाषा थी। उनकी कविताओं में संसार के त्याग की भावना, उपदेश और जीवन की तुच्छता के भाव मिलते हैं। उनके यहाँ कोई नवीनता या दार्शनिक गहरायी नहीं है, परन्तु उनकी काव्य-रचना का एक भाग ऐसा भी है जो उनके जीवन की वास्तविक भावनाओं से भरा हुआ है—

उम्रे-दराज माँग के लाये थे चार दिन
दो आरज़ू में कट गये दो इन्तिज़ार में।

ज़फ़र की शायरी लोकप्रिय तो है ही, वह अपने समय का करुण इतिहास भी है।

●

बहादुर शाह ज़फ़र की शायरी

1

लगता नहीं है जी मिरा उजड़े दियार में[1]
किस की बनी है आ़लमे-नापाएदार में[2]

बुलबुल को पासबाँ से[3] न सैयाद से[4] गिला
क़िस्मत में क़ैद थी लिखी फ़स्ले-बहार में[5]

कह दो इन हसरतों से कहीं और जा बसें
इतनी जगह कहाँ है दिले-दाग़दार में

इक शाखे-गुल पे[6] बैठके बुलबुल है शादमाँ[7]
काँटे बिछा दिए हैं दिले-लालाज़ार में[8]

उम्रे-दराज[9] माँग कर लाए थे चार दिन
दो आरज़ू में कट गए दो इन्तिज़ार में

है कितना बदनसीब 'ज़फ़र' दफ़्न के लिए
दो गज़ ज़मीं भी मिल न सकी कू-ए-यार में[10]

---

1. दियार में = देश, नगर में। 2. आ़लमे-नापाएदार में = नश्वर संसार में। 3. पासबाँ से = रखवाले से। 4. सैयाद से = शिकारी से। 5. फ़स्ले-बहार में = वसन्त ऋतु में। 6. शाखे-गुल पे = फूलों की डाली पर। 7. शादमाँ = उल्लासित। 8. दिले-लालाज़ार में = हृदयरूपी वाटिका में। 9. उम्रे-दराज = लम्बी आयु। 10. कू-ए-यार में = प्रेयसी की गली (स्वदेश) में।

●

2

न किसीकी आँख का नूर हूँ न किसी के दिल का क़रार हूँ
जो किसी के काम न आ सके मैं वो एक मुश्ते-ग़ुबार[1] हूँ

मेरा रंग-रूप बिगड़ गया मेरा यार मुझसे बिछड़ गया
जो चमन ख़िज़ाँ से उजड़ गया मैं उसी के फ़स्ले-बहार[2] हूँ

पए-फ़ातेहा[3] कोई आए क्यों कोई चार फूल चढ़ाए क्यों
कोई आके शमअ़ जलाए क्यों मैं वो बेकसी का मज़ार हूँ

मैं नहीं हूँ नग़्म-ए-जाँफ़िज़ाँ[4] मुझे सुनके कोई करेगा क्या
मैं बड़े बिरोग[5] की हूँ सदा[6] मैं बड़े दुखों की पुकार हूँ

न तो मैं किसी का हबीब[7] हूँ न तो मैं किसी का रक़ीब[8] हूँ
जो बिगड़ गया वो नसीब हूँ जो उजड़ गया वो दियार[9] हूँ

---

1. मुश्ते-ग़ुबार = मुट्ठी-भर धूल। 2. फ़स्ले-बहार = वसन्त ऋतु। 3. पए-फ़ातेहा = मृतक की आत्मा को शान्ति पहुँचाने के लिए, कुरान की आयतें पढ़ने के लिए। 4. नग़्म-ए-जाँफ़िज़ाँ = जीवन को प्रफुल्लित करने वाला गीत। 5. बिरोग = वियोग। 6. सदा = आवाज़। 7. हबीब = प्रियजन। 8. रक़ीब = प्रतिद्वन्द्वी। 9. दियार = देश, नगर

●

3

कभी बन-सँवर के जो आ गए तो बहारे-हुस्न दिखा गए
मेरे दिल को दाग़ लगा गए ये नया शिगूफ़ा खिला गए

कोई क्यों किसी का लुभाए दिल कोई क्यों किसी से लगाए दिल
जो वो बेचते थे दवाए-दिल वो दुकान अपनी बढ़ा गए

मेरे पास आते थे दम-ब-दम वो जुदा न होते थे एक दम
ये दिखाया चर्ख़ ने[1] क्या सितम कि मुझी से आँखें चुरा गए

बन्धे क्यों न आँसुओं की झड़ी कि ये हसरत उनके गले पड़ी
वे जो काकुलें[2] थीं बड़ी-बड़ी वो उन्हीं के पेच में आ गए

यही शौक़ था हमें दम-बद-म कि बहार देखेंगे अब के हम
जुँ ही छूटे क़ैदे-क़फ़स[3] से हम, तो सुना ख़िज़ाँ के[4] दिन आ गए

---

1. चर्ख़ ने = आकाश या भाग्य ने। 2. काकुलें = केशराशियाँ। 3. क़ैदे-क़फ़स = पिंजरे की क़ैद से। 4. ख़िज़ाँ के = पतझड़ से।

●

4

या मुझे अफ़सरे-शाहाना बनाया होता
या मिरा ताज गदायाना[1] बनाया होता

अपना दीवाना बनाया मुझे होता तूने
क्यों ख़िरदमंद[2] बनाया, न बनाया होता

ख़ाकसारी के लिए गरचे बनाया था मुझे
काश ख़ाके-दरे-जानाँ[3] न बनाया होता

नश्शा-ए-इश्क़ का गर ज़र्फ़[4] दिया था मुझको
उम्र का तंग न पैमाना बनाया होता

सूफ़ियों के न था जो लायक़े-सुहबत[5] तो मुझे
क़ाबिले-जल्सा-ए-रिन्दाना[6] बनाया होता

था जलाना ही अगर दूरी-ए-साक़ी से मुझे
तो चिराग़े-रहे-मैखाना[7] बनाया होता

शोला-ए-हुस्न चमन में न दिखाया उसने
वरना बुलबुल को भी परवाना बनाया होता

रोज़े मामूरा-ए-दुनिया[8] में ख़राबी है 'ज़फ़र'
ऐसी बस्ती से तो वीराना बनाया होता

---

1. गदायाना = फ़क़ीरों का। 2. ख़िरदमंद = अक़्लमन्द। 3. ख़ाके-दरे-जानाँ = प्रेयसी के दरवाज़े की धूल। 4. ज़र्फ़ = साहस। 5. लायक़े-सुहबत = संगति के योग्य। 6. क़ाबिले-जल्सा-ए-रिन्दाना = शराबियों की महफ़िल के क़ाबिल। 7. चिराग़े-रहे-मैखाना = मधुशाला के मार्ग का दीपक। 8. रोज़े मामूरा-ए-दुनिया = दुनिया के आबाद होने का दिन।

●

5

गई यक-ब-यक जो हवा पलट नहीं दिल को मेरे क़रार है
करूँ इस सितम का[1] मैं क्या बयाँ मेरा ग़म से सीना फ़िगार[2] है

ये रिआया-हिन्द[3] तबाह हुई कहूँ क्या-क्या इन पे जफ़ा[4] हुई
जिसे देखा हाकिमे-वक़्त ने[5] कहा ये भी क़ाबिले-दार[6] है

ये किसी ने जुल्म भी है सुना कि दी फाँसी लोगों को बेगुनाह
वले[7] कल्मा-गोयों की[8] सिम्त से अभी दिल में उनके बुखार है

न था शहर दिल्ली, ये था इक चमन कहूँ किस तरह का था याँ अमन
जो ख़िताब था वो मिटा दिया फ़क़त अब तो उजड़ा दियार[9] है

यही तंग हाल जो सबका है ये करिश्मा क़ुदरते-रब का है
जो बहार थी सो ख़िज़ाँ हुई जो ख़िज़ाँ थी अब वो बहार है

शबो-रोज़[10] फूलों में जो तुले कहो ख़ारे-ग़म को[11] वो क्या सहे
मिले तौक़[12] क़ैद में जब उन्हें कहा गुल के बदले ये हार है

सभी जा वो मातमे-सख़्त[13] है कहो कैसी गर्दिशे-बख़्त[14] है
न वो ताज है न वो तख़्त है न वो शाह है न वो दियार है

ये बवाल तन पे है सर मिरा नहीं जान जाने का डर ज़रा
कटे ग़म ही निकले जो दम मिरा मुझे अपनी ज़िन्दगी बार[15] है

क्या है ग़म 'ज़फ़र' तुझे हश्र का जो ख़ुदा ने चाहा तो बरमला[16]
हमें है वसीला[17] रसूल का वो हमारा हामी-ए-कार[18] है

---

1. सितम का = अत्याचार का। 2. फ़िगार = घायल। 3. रिआ़या-हिन्द = भारत की जनता। 4. ज़फ़ा = अत्याचार। 5. हाकिमे-वक़्त ने = समय के शासक ने। 6. क़ाबिले-दार = सूली पर चढ़ाने योग्य। 7. वले = लेकिन। 8. कल्मा-गोयों की = मुसलमानों की। 9. दियार = नगर। 10. शबो-रोज़ = रात-दिन। 11. ख़ारे-ग़म को = ग़म के काँटों को। 12. तौक़ = लोहे की हँसली, जो अपराधियों के गले में डाली जाती थी। 13. मातमे-सख़्त = घोर शोक। 14. गर्दिशे-बख़्त = भाग्य-चक्र। 15. बार = बोझ। 16. बरमला = प्रत्यक्ष। 17. वसीला = सहारा। 18. हामी-ए-कार = हमारे कार्य का समर्थक।

■

मिर्ज़ा ग़ालिब

[27 दिसम्बर 1797 – 15 फरवरी 1869 ई०]

इस सादगी पर कौन मर न जाए ऐ ख़ुदा,
लड़ते हैं और हाथ में तलवार भी नहीं।

नाम : मिर्ज़ा असदुल्लाह खाँ

उपनाम : मिर्ज़ा नौश

कवि नाम : असद और ग़ालिब

उर्दू और फ़ारसी के महान् शायर ग़ालिब का जीवन अभावों और संघर्षों से भरा रहा। जब वे 5 साल के थे तभी उनके पिता अब्दुल्ला खाँ बेग का निधन हो गया। जब नौ वर्ष के हुए तब चाचा नसीरुद्दीन बेग का साया भी उनके सर से उठ गया। ननिहाल में पालन-पोषण हुआ। 13 वर्ष की उम्र में उमराव बेगम के साथ उनकी शादी हुई जो उस समय नौ वर्ष की थीं। विवाह के बाद वे दिल्ली में रहने लगे। 7 सन्तानें हुईं किन्तु 15 माह से अधिक कोई भी जीवित नहीं रह सकी। उन्होंने अपनी साली के बेटे आरिफ को अपना बेटा बनाया लेकिन वह भी जवानी में ही मर गया। इस प्रकार ग़ालिब की ज़िन्दगी बचपन से ही दु:खों से घिरी रही। सरकार ने जागीर छीन ली और जो पेंशन बाँधी वह अपर्याप्त थी। ग़ालिब कर्ज़खोरी के शिकार हुए। बाद में शराब ने उनकी ज़िन्दगी की मुश्किलें और बढ़ा दीं। उनके चाचा की पेंशन कई नातेदारों में बँट गयी थी। ग़ालिब को उसका जो भाग मिलना चाहिये था, वह भी नहीं मिल रहा था। इसके लिए 30 वर्ष की उम्र में उन्होंने कलकत्ता की यात्रा की। वहीं उन्होंने कलकत्ता में उस जीवन का अनुभव प्राप्त किया जो ईस्ट-इण्डिया कम्पनी के बंगाल पर अधिकार प्राप्त कर लेने के परिणामस्वरूप पैदा हो रहा था। पेशन-प्राप्ति की दृष्टि से यह यात्रा असफल रही किन्तु इससे समूचे देश की साहित्यिक प्रवृत्तियों को जानने में उन्हें काफ़ी मदद मिली। सन् 1850 ई० के आसपास उनकी नियुक्ति मुगल दरबार में मुगल वंश का इतिहास लिखने के लिए हुई जिसका एक भाग उन्होंने फ़ारसी में लिखा था। ज़ौक की मृत्यु के बाद ग़ालिब बहादुर शाह ज़फ़र के काव्य-गुरु नियुक्त हुए थे किन्तु दो वर्ष बाद ही 1857 ई० का विद्रोह हो गया। बाद में 1859 ई० में उनका सम्बन्ध

रामपुर के राज-दरबार से हुआ जहाँ से उनको आजीवन सौ रुपये महीने मिलते रहे। नवम्बर 1858 ई० को विक्टोरिया की घोषणा के बाद शासन ईस्ट-इण्डिया कम्पनी के हाथ से निकलकर इंग्लैण्ड की सरकार के हाथ में चला गया और पेंशन पुन: मिलने लगी। ग़ालिब ने अपनी पेंशन के सिलसिले में सन् 1826 ई० में कलकत्ता के लिए दिल्ली से प्रस्थान किया और लखनऊ, कानपुर, बाँदा तथा इलाहाबाद होते बनारस पहुँचे। बनारस पहुँचने पर वह बीमार हो गये, लेकिन यहाँ की आबोहवा और प्राकृतिक दृश्यों के सौन्दर्य ने उन्हें बहुत प्रभावित किया और वे शीघ्र ही अच्छे हो गये। बनारस में वह काफ़ी दिनों तक रहे और उन्हें शहर इतना भाया कि चालीस वर्ष बाद अपने एक मित्र को लिखा कि अगर नौजवानी में वहाँ गया होता तो ख़ानदानी (गृहस्थी) के झगड़े न होते तो वहीं रह जाता। बनारस की प्रशंसा में उन्होंने एक फ़ारसी मसनवी 'चिरागे-दैर' (मन्दिर का दिया) के नाम से लिखी जिसमें कहा कि—''बनारस शंख बजाने वालों का आराधना-गृह है। इसे हिन्दुस्तान का 'काबा' ही समझिये। ख़ुदा बनारस को बुरी नज़र से बचाये, यह उल्लास का भरपूर स्वर्ग है।''

बनारस से वह घोड़े पर यात्रा करते हुए पटना, मुर्शिदाबाद के रास्ते 20 फरवरी 1829 ई० को कलकत्ता पहुँचे और अपने मुकदमे में असफल होने तथा लम्बी अवधि के पश्चात् 28 नवम्बर 1829 ई० को दिल्ली वापस आ गये। कलकत्ता में वहाँ के शायर मिर्ज़ा क़तील के साथ उनका विवाद भी हुआ।

रचनाएँ—(1) दीवान-ए-ग़ालिब, (2) ऊद-ए-हिन्दी (पत्र), (3) उर्दू-ए-मुअल्ला (पत्र), (4) मकातीब-ए-ग़ालिब (पत्र), (5) नादिराते-ग़ालिब (पत्र), (6) कुल्लियाते-नज़्म-ए-फ़ारसी (इसमें लगभग दस हज़ार शेर हैं), (7) पंज आहंग (फ़ारसी पत्रों तथा चुने हुए शेरों का संग्रह), (8) मेहर-ए-नीमरोज़ (इतिहास-अपूर्ण), (9) दस्तंबू (1857 के विद्रोह के समय शहर और अपनी 15 माह की स्थिति का वर्णन)

ग़ालिब की गणना उर्दू की चुनी हुई विभूतियों में होती है। वे समूची उर्दू कविता के अनुपम रत्न हैं। इकबाल ने उन्हें गेटे के समकक्ष माना है। जिस प्रकार उनका व्यक्तित्व अत्यन्त आकर्षक और प्रभावशाली था, उसी प्रकार उनकी शायरी भी अत्यन्त आकर्षक, प्रभावशाली और बहुआयामी है। उनके बारे में फ़िराक गोरखपुरी ने लिखा है कि—''उर्दू के काव्य-गगन में छोटे-बड़े लाखों तारे चमक रहे हैं, लेकिन इनमें से सबकी नहीं तो अक्सर की रोशनी को मन्द कर देने वाला चाँद सिर्फ एक है और वह है—मिर्ज़ा ग़ालिब''। ग़ालिब सिर्फ हिन्दुस्तान के ही नहीं, दुनिया के श्रेष्ठ कवियों में से एक हैं।

ग़ालिब ने फ़ारसी में श्रेष्ठ क़सीदे भी लिखे हैं, लेकिन उनकी ग़ज़लें अधिक महत्त्वपूर्ण लगती हैं। ग़ालिब ने एक जगह कहा है कि "शायर को तसव्वुफ शोभा नहीं देता," लेकिन उनकी ग़ज़लें दार्शनिक विचारों से भरी हैं। वे वहदत-ए वजूद (विश्व देवतावाद अर्थात्—अनेक रूपों में एक ही तत्त्व विद्यमान है) के मानने वाले हैं। यह 'वहदत-उल-वजूद' और 'हम:ऊस्त', उपनिषदों के 'सर्वं खल्विदं ब्रह्म' से मेल खाता है। हर दिशा में, हर तरफ, हर रूप में वही ब्रह्म दिखायी पड़ता है—

जबकि तुझ बिन नहीं कोई मौजूद
फिर यह हंगामा ऐ ख़ुदा क्या है
सब्ज़-ओ-गुल कहाँ से आये हैं
अब्र क्या चीज़ है, हवा क्या है

ग़ालिब की तमाम शायरी में उदासी और अवसाद का स्वर भरा हुआ है। यह दुःख उनके अपने जीवन का भी है और अपने युग का भी। यह विवशता का चरम था कि उन्हें हाथों में अर्ज़ियाँ और क़सीदे लेकर दर-दर भटकना पड़ा तथा धनवानों और अंग्रेज अफसरों की झूठी प्रशंसा करनी पड़ी। उनकी ग़ज़लों में उदासी और नाउम्मीदी के गहरे भाव दिखायी पड़ते हैं—

कोई उम्मीदवर नहीं आती
कोई सूरत नज़र नहीं आती
आगे आती थी हाले-दिल पे हँसी
अब किसी बात पर नहीं आती।

ग़ालिब प्रेम और सौन्दर्य के बड़े शायर हैं। वे प्रेम को ऐसा स्वरूप देते हैं जिससे पहले उर्दू शायरी अपरिचित थी। सौन्दर्य के असीम आकर्षण के सामने जिसमें अफ़लातूनियत कम है और जिस्मानियत (दैहिकता) अधिक। अत्यधिक समर्पण और श्रद्धा के बावजूद ग़ालिब का इश्क स्वाभिमानी और मस्तकोन्नत है। उनका प्रेम-काव्य विभिन्न अवस्थाओं से गुजरता है और वे परस्तिश (पूजा) से ख़्वाहिश (इच्छा) तक की यात्रा करते दिखते हैं। वे यह भी मानते हैं कि इश्क पर कोई ज़ोर नहीं होता—

इश्क पर ज़ोर नहीं है ये वो आतिश ग़ालिब
कि लगाये न लगे और बुझाये न बने।

उन्होंने प्रेम और सौन्दर्य के बहुत से खूबसूरत शेर कहे हैं, एक शेर देखें—

कोई मेरे दिल से पूछे—तेरे तीरे नीमकश को
ये ख़लिश कहाँ से होती जो जिगर के पार होता।

उनके कई शेर दर्द, तड़प और बेचैनी से भरे हैं। इनमें वियोग का भाव प्रबल है—ये शेर अत्यन्त मार्मिक और हृदय-स्पर्शी हैं—

दिले नादाँ तुझे हुआ क्या है
आख़िर इस दर्द की दवा क्या है
हम हैं मुश्ताक और वो बेज़ार
या इलाही ये माज़रा क्या है।

उनके भीतर एक चिर विरही बैठा हुआ था जो निरन्तर इन्तज़ार करते-करते निराश हो चुका था। इसी निराशा की मन:स्थिति में उन्होंने कहा था कि—

यह न थी हमारी किस्मत कि विसाले-यार होता
अगर और जीते रहते, यही इन्तज़ार होता।

ग़ालिब की कविता की एक और विशेषता जो हमारा ध्यान आकृष्ट करती है, वह है—सादगी का सौन्दर्य। सौन्दर्य अपने सहज और अकृत्रिम रूप में उन्हें अच्छा लगता है। विज्ञापन और चमक-दमक वाले इस समय में यह बात बहुत अच्छी लगती है। यहाँ उनके दो शेर पेश हैं।

इस सादगी पर कौन मर न जाए ऐ ख़ुदा
लड़ते हैं और हाथ में तलवार भी नहीं।

ग़ालिब की शायरी बहुआयामी और प्रयोगधर्मी है। उन्होंने राजनीतिक कविता तो नहीं लिखी लेकिन अपनी कविता में नये युग के मिज़ाज को समाहित कर लिया। श्री आले अहमद सुरूर की मान्यता है कि "ग़ालिब की कला के कारण ग़ज़ल प्रेम-वर्णन से बढ़कर जीवन-वर्णन बनती है और जीवन के विविध युगों, करवटों और क्रान्तियों का साथ देने लगती है।" (उद्धृत *दीवाने-ग़ालिब,* पृ० 14)। उनके महत्त्व को रेखांकित करते हुए अली सरदार ज़ाफ़री ने लिखा है कि—"ग़ालिब की महानता केवल इसमें नहीं है कि उसने अपने युग की आन्तरिक व्याकुलता को समेट लिया, बल्कि इसमें है कि उसने नयी व्याकुलता पैदा की। उसकी शायरी अपने युग के बन्धनों को तोड़ देती है और भूत और भविष्य के विस्तार में फैल जाती है। ग़ालिब ने अपने हर अनुभव को जो एक अत्यन्त मृदुल सौन्दर्य-बोध रखने वाले मस्तिष्क की प्रक्रिया थी, मानवी मनोविज्ञान की आग में तपाकर पिघलाया है, व्यापक नियम की कसौटियों पर कसा है और फिर काव्य के रूप में ढाला है, तब उसके यहाँ एक विश्व कवि का स्वर पैदा हुआ है और वह जीवन के हर क्षण का कवि बन गया है।" (*दीवाने-ग़ालिब,* राजकमल पेपरबैक, 1994, पृ० 14)

ग़ालिब की विशेषता यह है कि उन्होंने पारम्परिक विषयों को भी अपने हृदय के स्पर्श से नवीनता प्रदान की और उन्हें नये अन्दाज़ में प्रस्तुत किया। उन्होंने गद्य और काव्य दोनों में नये प्रयोग किये। उन्होंने क़सीदों में भी नया रंग पैदा किया। उनकी शायरी में जीवन का यथार्थ, दार्शनिक गहरायी, सौन्दर्य की ताज़गी, प्रेम का आकर्षण और तड़प तथा अनुभूति की प्रबलता और अभिव्यक्ति की नवीनता विशेष रूप से ध्यान आकर्षित करती है।

●

ग़ालिब की शायरी

1

दिल-ए-नादाँ[1], तुझे हुआ क्या है
आख़िर इस दर्द की दवा क्या है

हम हैं मुश्ताक़[2] और वह बेज़ार[3]
या इलाही[4], यह माजरा[5] क्या है

मैं भी मुँह में ज़बान रखता हूँ
काश[6], पूछो, कि मुद्द'आ[7] क्या है

जबकि तुझ बिन नहीं कोई मौजूद
फिर यह हँगामः अय ख़ुदा क्या है

यह परी चेह्र:[8] लोग कैसे हैं
ग़मज़:-ओ-अिश्व:-ओ-अदा[9] क्या है

शिकन-ए-ज़ुल्फ़-ए-अँबरीं[10] क्यों है
निगह-ए-चश्म-ए-सुर्म:-सा[11] क्या है

सब्ज:-ओ-गुल[12] कहाँ से आये हैं
अब्र[13] क्या चीज़ हैं, हवा क्या है

हमको उनसे, वफ़ा की है उम्मीद
जो नहीं जानते, वफ़ा[14] क्या है

हाँ भला कर, तिरा भला होगा
और दर्वेश[15] की सदा क्या है

जान तुम पर निसार[16] करता हूँ
मैं नहीं जानता, दु'आ क्या है

मैं ने माना कि कुछ नहीं ग़ालिब
मुफ़्त हाथ आये, तो बुरा क्या है

---

1. दिल-ए-नादाँ = नादान दिल, बावरे मन। 2. मुश्ताक़ = उत्सुक। 3. बेज़ार = रुष्ट, असन्तुष्ट। 4. या इलाही = अय ख़ुदा। 5. माजरा = मामला, घटना। 6. काश = कामनासूचक उद्‌बोधन (काश, ऐसा हो जाय)। 7. मुद्द'आ = उद्देश्य। 8. परीचेहरः = रूपवान। 9. ग़मज़-ओ-अिश्वः-ओ-अदा = सैन और हाव-भाव। 10. शिकन-ए-ज़ुल्फ़-ए-अँबरी = अम्बर-सुरभित अलकों के बल (घूँघर)। 11. निगह-ए-चश्म-ए-सुर्मः-सा = सुर्मा-रंजित नयनों की चितवन। 12. सब्ज़ः-ओ-गुल = हरियाली और फूल। 13. अब्र = बादल, मेघ। 14. वफ़ा = प्रेम-निर्वाह। 15. दर्वेश = फ़क़ीर, महात्मा, विनीत। 16. निसार = निछावर।

●

2

हज़ारों ख़्वाहिशें ऐसी, कि हर ख़्वाहिश[1] प दम निकले
बहुत निकले मिरे अर्मान[2], लेकिन फिर भी कम निकले

डरे क्यों मेरा क़ातिल, क्या रहेगा उसकी गर्दन पर
वह ख़ूँ जो चश्म-ए-तर[3] से उम्र भर यों दम बदम[4] निकले

निकलना ख़ुल्द[5] से आदम[6] का सुनते आये थे, लेकिन
बहुत बे आबरू होकर तिरे कूचे से हम निकले

भरम खुल जाये, ज़ालिम, तेरे क़ामत[7] की दराज़ी[8] का
अगर इस तुर्रः-ए-पुर पेच-ओ-ख़म का पेच-ओ-ख़म[9] निकले

मगर लिखवाये कोई उसको ख़त, तो हम से लिखवाये
हुई सुबह, और घर से कान पर रख कर क़लम निकले

हुई इस दौर[10] में मंसूब[11] मुझसे बादः आशामी[12]
फिर आया वह ज़मानः, जो जहाँ में जाम-ए-जम[13] निकले

हुई जिन से तवक़्क़ो'अ[14], ख़स्तगी[15] की दाद पाने[16] की
वह हम से भी ज़ियादः ख़स्तः-ए-तेग़-ए-सितम[17] निकले

महब्बत में नहीं है फ़र्क़, जीने और मरने का
उसी को देख कर जीते हैं, जिस काफ़िर प दम निकले

कहाँ मैख़ाने[18] का दरवाज़ः, ग़ालिब, और कहाँ वा'अिज़[19]
पर इतना जानते हैं, कल वह जाता था, कि हम निकले

---

1. ख़्वाहिश = इच्छा, अभिलाषा। 2. अर्मान = मनोकामना, आकांक्षा, लालसा। 3. चश्म-ए-तर = भीगी आँख। 4. दम बदम = क्षण-क्षण। 5. ख़ुल्द = स्वर्ग, बिहिश्त। 6. आदम = सबसे पहला पुरुष (इंजील और क़ुरान के अनुसार ख़ुदा ने आदम को पैदा किया लेकिन वे शैतान के बहकावे में आकर गुनाह कर बैठे और जन्नत से निकाल दिये गये। आदम की सन्तान आदमी कहलायी)। 7. क़ामत = आकार। 8. दराज़ी = लम्बाई। 9. तुर्रः-ए-पुर-पेच-ओ-ख़म का पेच-ओ-ख़म = (तुर्रः-अलक) बल खाये हुए बालों का बल। 10. दौर = युग, ज़माना, काल। 11. मंसूब = सम्बन्धित। 12. बादः आशामी = शराब पीना, मदिरापान। 13. जाम-ए-जम = ज़मशेद का मधुपात्र (देखिये ग़ज़ल 101 शे'र 8)। 14. तवक़्क़ो'अ = आशा, उम्मीद। 15. ख़स्तगी = घायलपन। 16. दाद पाना = न्याय पाना, प्रशंसा पाना, संवेदना पाना। 17. ख़स्तः-ए-तेग़-ए-सितम = अत्याचार की तलवार के घायल। 18. मैख़ानः = मदिरालय। 19. वा'अिज़ = धर्मोपदेशक।

●

3

बाज़ीचः-ए-अत्फ़ाल[1] है दुनिया, मिरे आगे
होता है शब-ओ-रोज़[2] तमाशा, मिरे आगे

इक खेल है औरँग-ए-सुलैमाँ[3], मिरे नज़दीक
इक बात है ए'जाज़-ए-मसीहा[4], मिरे आगे

जुज़ नाम[5], नहीं सूरत-ए-'आलम[6] मुझे मंज़ूर[7]
जुज़ वहम[8], नहीं हस्ति-ए-अशिया[9] मिरे आगे

होता है निहाँ[10] गर्द में सहरा[11], मिरे होते
घिसता है जबीं[12] ख़ाक प दरिया, मिरे आगे

मत पूछ, कि क्या हाल है मेरा, तिरे पीछे
तू देख, कि क्या रँग है तेरा, मिरे आगे

सच कहते हो, ख़ुदबीन-ओ-ख़ुदआरा[13] हूँ, न क्यों हूँ
बैठा है बुत-ए-आइनः सीमा[14] मिरे आगे

फिर देखिये, अन्दाज़-ए-गुल अफ़शानि-ए-गुफ़्तार[15]
रख दे कोई, पैमानः-ओ-सहबा[16] मिरे आगे

नफ़रत[17] का गुमाँ[18] गुज़रे है, मैं रश्क[19] से गुज़रा
क्योंकर कहूँ, लो नाम न उनका मिरे आगे

ईमाँ[20] मुझे रोके है, तो खेंचे है मुझे कुफ्र[21]
का'बः मिरे पीछे है, कलीसा[22] मिरे आगे

'आशिक़ हूँ, प मा'शूक़ फ़रेबी[23] है मिरा काम
मजनूँ को बुरा कहती है लैला, मिरे आगे

ख़ुश होते हैं, पर वस्ल[24] में यों मर नहीं जाते
आई शब-ए-हिज्राँ[25] की तमन्ना[26], मिरे आगे

है मौजज़न[27] इक क़ुल्ज़ुम-ए-ख़ूँ[28], काश, यही हो
आता है, अभी देखिये, क्या क्या, मिरे आगे

गो हाथ को जुँबिश[29] नहीं, आँखों में तो दम है
रहने दो अभी साग़र-ओ-मीना[30] मिरे आगे

हम पेशः[31]-ओ-हम मश्रब[32]-ओ-हम राज़[33] है मेरा
ग़ालिब को बुरा क्यों कहो, अच्छा, मिरे आगे

---

1. बाज़ीचः-ए-अतफ़ाल = बच्चों का खेल। 2. शब-ओ-रोज़ = रात और दिन। 3. औरंग-ए-सुलैमाँ = सुलैमान का राजसिंहासन (बाइबिल और क़ुरान के अनुसार सुलैमान महान् सम्राट् थे)। 4. ए'जाज-ए-मसीहा = ईसा का चमत्कार (हज़रत ईसा की फूँक से मुर्दे जी उठते थे)। 5. जुज़ नाम = नाम के सिवा। 6. सूरत-ए-'आलम = संसार का रूप। 7. मंज़ूर = स्वीकृत। 8. जुज़ वह्म = भ्रम के अतिरिक्त। 9. हस्ति-ए-अशिया = वस्तुओं का अस्तित्व। 10. निहाँ = निहित। 11. सहरा = रेगिस्तान, मरुस्थल। 12. जबीं = माथा, मस्तक।

13. ख़ुदबीन-ओ-ख़ुदआरा = अभिमानी और आत्म-अलंकृत। 14. बुत-ए-आइनः सीमा = दर्पण की तरह चमकते हुए मुखड़ेवाला मा'शूक़। 15. अन्दाज़-ए-गुल अफ़शानि-ए-गुफ़्तार = बातों का ऐसा अन्दाज़ कि जैसे फूल झरते हों। 16. पैमानः-ओ-सह्बा = मधुपात्र और मदिरा। 17. नफ़रत = घृणा। 18. गुमाँ = सन्देह। 19. रश्क = ईर्ष्या। 20. ईमाँ = ईमान, सत्य, धर्म, आस्था। 21. कुफ़्र = अनास्था, अधर्म। 22. कलीसा = गिरजाघर। 23. मा'शूक़ फ़रेबी = मा'शूक़ को रिझाना। 24. वस्ल = मिलन। 25. शब-ए-हिज्राँ = विरह-यामिनी। 26. तमन्ना = कामना। 27. मौजज़न = तरंगायित, हिल्लोलित, लहरें मारता हुआ। 28. क़ुल्ज़ुम-ए-ख़ूँ = रक्त का सागर। 29. जुंबिश (जुम्बिश) = कम्पन। 30. साग़र-ओ-मीना = मधुपात्र और मधुकलश। 31. हमपेशः = सहव्यवसायी। 32. हममश्रब = सहधर्मी, सहपंथी। 33. हमराज़ = सब भेद जाननेवाला (घनिष्ठ मित्र), सखा।

●

4·

यह न थी हमारी क़िस्मत, कि विसाल-ए-यार[1] होता
अगर और जीते रहते यही इन्तिज़ार होता

तिरे वा'दे[2] पर जिये हम, तो यह जान, झूट जाना
कि ख़ुशी से मर न जाते, अगर ए'तिबार[3] होता

तिरी नाज़ुकी से जाना, कि बँधा था 'अेह्द[4] बोदा[5]
कभी तू न तोड़ सकता, अगर उस्तुवार[6] होता

कोई मेरे दिल से पूछे, तिरे तीर-ए-नीमकश[7] को
यह ख़लिश[8] कहाँ से होती, जो जिगर के पार होता

यह कहाँ की दोस्ती है, कि बने हैं दोस्त, नासेह
कोई चारः साज़[9] होता, कोई ग़मगुसार[10] होता

रग-ए-संग[11] से टपकता, वह लहू, कि फिर न थमता
जिसे ग़म समझ रहे हो, यह अगर शरार[12] होता

ग़म अगरचेः जाँगुसिल[13] है, प कहाँ बचें, कि दिल है
ग़म-ए-'अिश्क़[14] गर न होता, ग़म-ए-रोज़गार[15] होता

कहूँ किससे मैं कि क्या है, शब-ए-ग़म[16] बुरी बला है
मुझे क्या बुरा था मरना, अगर एक बार होता

हुए मरके हम जो रुस्वा[17], हुए क्यों न ग़र्क़-ए-दरिया[18]
न कभी जनाज़ः उठता, न कहीं मज़ार होता

उसे कौन देख सकता, कि यगानः[19] है वह यकता[20]
जो दुई[21] की बू भी होती, तो कहीं दुचार[22] होता

यह मसाइल-ए-तसव्वुफ़[23], यह तिरा बयान[24], ग़ालिब
तुझे हम वली[25] समझते, जो न बादःख़्वार[26] होता

---

1. विसाल-ए-यार = पिया-मिलन। प्रिय-मिलन। 2. वा'दे = वचन। 3. ए'तिबार = विश्वास। 4. 'अहद = प्रतिज्ञा, इक़रार, वचन। 5. बोदा = कच्चा, कमज़ोर। 6. उस्तुवार = मज़बूत, दृढ़, पुष्ट। 7. तीर-ए-नीम कश = आधा खिंचा हुआ तीर, वह तीर जिसे चलाने में धनुष आधा खींचा गयो हो, कमज़ोर तीर। 8. ख़लिश = खटक, चुभन, वेदना। 9. चारःसाज़ = उपचारक, चिकित्सक। 10. ग़म गुसार = सहानुभूतिकर्ता, हितैषी, दुःख बँटानेवाला। 11. रग-ए-सँग = पत्थर की नस। 12. शरार = चिनगारी। 13. जाँ गुसिल = कष्टदायक, दुःखदायी, जान-लेवा। 14. ग़म-ए-'अिश्क = प्रेम का दुःख, चिन्ता सन्ताप। 15. ग़म-ए-रोज़गार = दुनिया का दुःख, चिन्ता, सन्ताप। 16. शब-ए-ग़म = ग़म की रात। 17. रुस्वा = निन्दित, ज़लील, बदनाम। 18. ग़र्क़-ए-दरिया = (ग़र्क़—निमज्जित। दरिया—समुद्र) पानी में डूबा हुआ। 19. यगानः = अनुपम। 20. यकता = अद्वितीय। 21. दुई = द्वैत। 22. दुचार = आमना-सामना। 23. मसाइल-ए-तसव्वुफ़ = तसव्वुफ़ (भक्ति) की समस्याएँ। 24. बयान = वर्णन। 25. वली = ऋषि, मुनि। 26. बादः ख़्वार = शराबी, मद्यप।

●

5

'अिश्क़ मुझको नहीं, वहशत[1] ही सही
मेरी वहशत, तिरी शोहरत[2] ही सही[3]

क़त'अ कीजे[4] न त'अल्लुक़[5] हम से
कुछ नहीं है, तो 'अदावत[6] ही सही[7]

मेरे होने में है क्या रुस्वाई[8]
अय, वह मज्लिस[9] नहीं, ख़ल्वत[10] ही सही[11]

हम भी दुश्मन तो नहीं हैं अपने
ग़ैर को तुझ से महब्बत ही सही

अपनी हस्ती[12] ही से हो, जो कुछ हो
आगही[13] गर नहीं ग़फ़्लत[14] ही सही[15]

'उम्र[16] हरचन्द[17] कि है बर्क़ ख़िराम[18]
दिल के ख़ूँ करने की फ़ुर्सत ही सही

हम कोई तर्क-ए-वफ़ा[19] करते हैं
न सही 'अिश्क़, मुसीबत ही सही

कुछ तो दे, अय फ़लक़-ए-ना-इंसाफ़[20]
आह-ओ-फ़र्याद की रुख़सत[21] ही सही[22]

हम भी तस्लीम[23] की ख़ू[24] डालेंगे
बेनियाज़ी[25] तिरी 'आदत ही सही[26]

यार से छेड़ चली जाये, असद
गर नहीं वस्ल[27], तो हसरत[28] ही सही[29]

---

1. वहशत = उन्माद। 2. शोहरत = प्रसिद्धि। 3. सही = मानो, जानो, ख़याल करो। 4. क़त'अ कीजे = काटिये, तोड़िये। 5. त'अल्लुक़ = सम्बन्ध। 6. 'अदावत = शत्रुता, दुश्मनी। 7. सही = जारी रखिये, बाक़ी रखिये। 8. रुस्वाई = बदनामी, निन्दा। 9. मज्लिस = महफ़िल, परिषद्, सबके सामने। 10. ख़ल्वत = एकान्त, तनूहाई। 11. सही = स्वीकार करो। 12. हस्ती = अस्तित्व। 13. आगही = चेतना। 14. ग़फ़्लत = अचेतना। 15. सही = यही समझेंगे, यूँही जानेंगे (मनसमझौती)। 16. 'अुम्र = आयु, जीवन। 17. हरचन्द = यद्यपि। 18. बर्क़ ख़िराम = विद्युत्वेगगामी। 19. तर्क-ए-वफ़ा = प्रेम-निर्वाह का त्याग। 20. फ़लक-ए-नाइंसाफ़ = अन्यायी आकाश। 21. रुख़सत = इजाज़त, अनुमति। 22. सही = अश्वयमेव। 23. तस्लीम = स्वीकृति। 24. ख़ू = आदत, बान। 25. बेनियाज़ी = निस्पृहता। 26. सही = यही समझेंगे। 27. वस्ल = मिलन। 28. हसरत = अपूर्ण कामना। 29. सही = ग़नीमत है।

●

6

जहाँ तेरा नक़्'श-ए-क़दम[1] देखते हैं
ख़ियाबाँ ख़ियाबाँ[2] इरम[3] देखते हैं

दिल आशुफ़्तगाँ[4] ख़ाल-ए-कुंज-ए-दहन[5] के
सुवैदा[6] में सैर-ए-'अदम[7] देखते हैं

तिरे सर्व क़ामत[8] से, इक क़द्द-ए-आदम[9]
क़यामत[10] के फ़ितने[11] को, कम देखते हैं

तमाशा कर[12] अय महव-ए-आईनादारी[13]
तुझे किस तमन्ना[14] से हम देखते हैं

सुराग़-ए-तुफ़-ए-नाल:[15] ले, दाग़-ए-दिल से
कि शब रौ[16] का नक़्श-ए-क़दम देखते हैं

बना कर फ़क़ीरों का हम भेस, ग़ालिब
तमाशा-ए-अहल-ए-करम[17] देखते हैं

---

1. नक़्श-ए-क़दम = पदचिह्न। 2. ख़ियाबाँ ख़ियाबाँ = क्यारी-क्यारी, रविश-रविश। 3. इरम = स्वर्गोद्यान नन्दन कानन (एक पुराने बादशाह शद्दाद का बनाया हुआ कृत्रिम स्वर्ग)। 4. दिल आशुफ़्तगाँ = (उद्विग्न हृदयवाले) 'आशिक़। 5. ख़ाल-ए-कुँज-ए-दहन = अधरों के कोने में स्थित तिल। 6. सुवैदा = काला दाग़ (मा'शूक़ का छोटा दहाना जो न होने के बराबर है अनस्तित्व का नमूना है)। 7. सैर-ए-'अदम = अनस्तित्व का तमाशा। 8. सर्व क़ामत = सर्व वृक्ष का-सा आकार। 9. क़द्द-ए-आदम = आदमी के क़द के बराबर। 10. क़यामत = (क़ियामत) प्रलय। 11. फ़ितने = (फ़ितन) उपद्रव, विपत्ति। 12. तमाशा कर = हमारा तमाशा देख। 13. महव-ए-आईनादारी = आत्म-शृंगार में लीन। 14. तमन्ना = अभिलाषा, कामना, चाव, शौक़। 15. सुराग़-ए-तुफ़-ए-नाल: = आर्त्तनाद की तपन और द्रवण की खोज। 16. शब रौ = रात का राही। 17. तमाशा-ए-अहल-ए-करम = कृपालुओं (दानियों) का तमाशा।

●

7

नक़्श[1] फ़रियादी[2] है, किसकी शोख़ि-ए-तहरीर[3] का
काग़ज़ी है पैरहन[4], हर पैक़र-ए-तस्वीर[5] का

काव-ए-काव-ए-सख़्त जानीहा-ए-तन्हाई[6], न पूछ
सुबह् क्ररना शाम का, लाना है जू-ए-शीर[7] का

जज़्ब:-ए-बे इख़्तियार-ए-शौक़[8] देखा चाहिये
सीन:-ए-शमशीर[9] से बाहर है, दम[10] शमशीर का

आगही[11], दाम-ए-शनीदन[12], जिस क़दर चाहे, बिछाये
मुद्द'आ[13] 'अंक़ा[14] है, अपने 'आलम-ए-तक़रीर[15] का

बसकि हूँ, ग़ालिब, असीरी[16] में भी आतश[17] ज़ेर-ए-पा
मू-ए-आतश दीद:[18], है हल्क़:[19] मिरी ज़ंजीर का

---

1. नक़्श = निशान, बेलबूटे, चित्र, चिह्न। 2. फ़रियादी = फ़रियाद करनेवाला। 3. शोख़ि-ए-तहरीर = (शोख़ी—तीखापन, चंचलता, दिलकशी, मोहकता, शरारत, सुन्दरता। तहरीर—लिखावट, चित्र की रेखायें) तहरीर की सुन्दरता और बाँकपन। 4. पैरहन = लिबास, वस्त्र। 5. पैकर-ए-तस्वीर = (पैकर—आकार) चित्र का आकार। प्राचीन ईरान में रिवाज था कि फ़रियाद करनेवाले काग़ज़ के कपड़े पहनकर आते थे। 6. काव-ए-काव-ए-सख़्तजानीहा-ए-तन्हाई = (काव-काव—कड़ी मेहनत, घोर परिश्रम। सख़्तजानी—ऐसी हालत जिसमें प्राण मुश्किल से निकले। हा—बहुवचन। ए—इज़ाफ़त। तन्हाई—एकान्त, अकेलापन) तन्हाई की मुसीबतें, विरह के दु:ख। 7. जू-ए-शीर = दूध की नहर। शीरी फ़रहाद की कहानी में फ़रहाद ('आशिक़) पहाड़ से दूध की नहर काटने गया था और वहीं सर फोड़कर मर गया। इसलिए जू-ए-शीर लाना—कठिन काम करना, कठिन काम में मर जाना। 8. जज़्ब:-ए-बेइख़्तियार-ए-शौक़ = (जज्ब:—मनोभाव, आवेश। बे इख़्तियार—जिसपर क़ाबू न हो। शौक़—अभिलाषा, चाव) इन्तिहाई शौक़ की हालत, प्रेम का अतिशय भाव। 9. सीन:-ए-शमशीर = तलवार का सीन:। 10. दम = धार, साँस, प्राण। 11. आगही = समझ-बूझ, अक़्ल, चेतना। 12. दाम-ए-शनीदन = (दाम-जाल। शनीदन—सुनना) बात को पकड़ने की कोशिश, समझने की कोशिश, श्रवण-जाल। 13. मुद्द'आ = उद्देश्य, मक़्सद, मतलब, अभिप्राय। 14. 'अन्क़ा = एक काल्पनिक पक्षी का नाम, जिसका अस्तित्व न हो, नापैद। 15. 'आलम-ए-तक़रीर = बोलने की हालत, बातों की दुनिया। 16. असीरी = क़ैद। 17. आतश-ज़ेर-ए-पा = पाँव के नीचे आग, व्याकुल, बेताब। 18. मू-ए-आतश दीद: = आग में झुलसा हुआ बाल। 19. हल्क: = ज़ंजीर की कड़ी।

●

8

हर एक बात प कहते हो तुम, कि तू क्या है
तुम्हीं कहो कि यह अन्दाज़-ए-गुफ़्तगू[1] क्या है

न शो'ले में यह करिश्मः[2] न बर्क़[3] में यह अदा
कोई बताओ, कि वह शोख़-ए-तुन्द ख़ू[4] क्या है

यह रश्क[5] है कि वह होता है हमसुख़न[6] तुमसे
वगरनः ख़ौफ़-ए-बद आमोज़ि-ए-'अदू[7] क्या है

चिपक रहा है बदन पर, लहू से, पैराहन[8]
हमारी जैब[9] को अब हाजत-ए-रफ़ू[10] क्या है

जला है जिस्म जहाँ, दिल भी जल गया होगा
कुरेदते हो जो अब राख, जुस्तुजू[11] क्या है

रगों में दौड़ते फिरने के, हम नहीं क़ाइल
जब आँख ही से न टपका, तो फिर लहू क्या है

वह चीज़, जिसके लिये हमको हो, बिहिश्त 'अज़ीज़[12]
सिवाये बादः-ए-गुलफ़ाम-ए-मुश्क बू[13] क्या है

पियूँ शराब, अगर ख़ुम[14] भी देख लूँ दो चार
यह शीशः-ओ-क़दह-ओ-कूज़ः-ओ-सुबू[15] क्या है

रही न ताक़त-ए-गुफ़्तार[16], और अगर हो भी
तो किस उमीद[17] प कहिये कि आरज़ू[18] क्या है

हुआ है शह[19] का मुसाहिब[20], फिरे है इतराता
वगरनः शहर में ग़ालिब की आबरू[21] क्या है

---

1. अन्दाज़-ए-गुफ़्तुगू = बात करने का तरीक़ा, वार्ता-शैली। 2. करिश्मः = चमत्कार। 3. बर्क़ = बिजली। 4. शोख़-ए-तुन्द ख़ू = तेज़ स्वभाववाला माशूक़। 5. रश्क = ईर्ष्या। 6. हमसुख़न = समान भाषी, अपने से बातचीत करनेवाला। 7. ख़ौफ़-ए-बद आमोज़ि-ए-'अदू = शत्रु से बुरी शिक्षा पाने का डर। 8. पैराहन = वस्त्र। 9. जैब = गरीबान, कुरते की

कण्ठी। 10. हाजत-ए-रफ़ू = रफ़ू की ज़रूरत। 11. जुस्तजू = तलाश। 12. 'अज़ीज़ = प्रिय। 13. बाद:-ए-गुलफ़ाम-ए-मुश्कबू = कस्तूरी की तरह सुगन्धित और फूल की तरह रंगीन मदिरा। 14. ख़ुम = मधुघट। 15. शीश:-ओ-क़दह-ओ-कूज़:-ओ-सुबू = बोतल, प्याला, मधुपात्र और मधुकलश। 16. ताक़त-ए-गुफ़्तार = बोलने की शक्ति। 17. उमीद = उम्मीद, आशा। 18. आरज़ू = कामना, इच्छा, लालसा, अरमान। 19. शह = शाह, बादशाह। 20. मुसाहिब = सभासद। 21. आबरू = इज़्ज़त, प्रतिष्ठा, सम्मान।

●

9

आह को चाहिये इक 'उम्र[1], असर होने तक
कौन जीता है तिरी ज़ुल्फ़ के सर होने तक[2]

दाम-ए-हर मौज[3] में है, हल्क़:-ए-सद काम-ए-निहँग[4]
देखें क्या गुज़रे है[5] क़तरे प[6], गुहर[7] होने तक

'आशिक़ी सब्र तलब[8] और तमन्ना[9] बेताब[10]
दिल का क्या रँग[11] करूँ, ख़ून-ए-जिगर होने तक[12]

हमने माना, कि तग़ाफ़ुल[13] न करोगे, लेकिन
ख़ाक हो जायेंगे हम, तुमको ख़बर होने तक

परतव-ए-ख़ुर[14] से है शबनम[15] को, फ़ना की ता'लीम[16]
मैं भी हूँ, एक 'अिनायत की नज़र[17] होने तक

यक नज़र बेश नहीं[18], फ़ुर्सत-ए-हस्ती[19] ग़ाफ़िल[20]
गर्मि-ए-बज़्म[21] है इक रक़्स-ए-शरर[22] होने तक

ग़म-ए-हस्ती[23] का, असद किससे हो जुज़ मर्ग[24] 'अिलाज
शम'अ हर रँग में जलती है सहर[25] होने तक

---

1. इक 'उम्र = एक आयु, एक मुद्दत, एक लम्बा समय। 2. ज़ुल्फ़ के सर होने तक = (ज़ुल्फ़-अलक) ज़ुल्फ़ के खुलने तक, ज़ुल्फ़ के सुलझने तक, ज़ुल्फ़ के जीत लिये जाने तक, 'अिश्क के सफल होने तक। 3. दाम-ए-हर मौज = लहरों का जाल। 4. हल्क़:-ए-सद काम-ए-निहँग = मगरमच्छों के सैकड़ों खुले हुए जबड़े। 5. गुज़रे है = गुज़रती है, बीतती है। 6. क़तरे प = बूँद पर। 7. गुहर = मोती। 8. सब्र तलब = सन्तोष-याचक।

9. तमन्ना = कामना। 10. बेताब = व्याकुल। 11. रँग = हाल, दशा। 12. ख़ून-ए-जिगर होने तक = जिगर का ख़ून होने तक, प्रेम के सफल होने तक। 13. तग़ाफ़ुल = उपेक्षा। 14. परतव-ए-ख़ुर = सूर्य-प्रकाश। 15. शबनम = ओस। 16. फ़ना को ता'लीम = मिट जाने की शिक्षा, नश्वरता का पाठ। 17. 'अिनायत की नज़र = कृपादृष्टि। 18. यक नज़र बेश नहीं = एक नज़र (पल) से अधिक नहीं। 19. फ़ुर्सत-ए-हस्ती = अस्तित्व का अवकाश। 20. ग़ाफ़िल = असावधान। 21. गर्मि-ए-बज़्म = महफ़िल की गर्मी, मानव-जीवन की चहल-पहल। 22. रक़्स-ए-शरर = चिनगारी का नृत्य। 23. ग़म-ए-हस्ती = जीतन-सन्ताप। 24. जुज़ मर्ग = मौत के सिवा। 25. सहर = उषाकाल।

●

10

दर्द मिन्नत कश-ए-दवा[1] न हुआ
मैं न अच्छा हुआ, बुरा न हुआ

जम'अ करते हो क्यों रक़ीबों[2] को
इक तमाशा हुआ, गिला[3] न हुआ

हम कहाँ क़िस्मत आज़माने जायें
तू ही जब ख़ंजर आज़मा[4] न हुआ

कितने शीरीं[5] हैं तेरे लब[6], कि रक़ीब
गालियाँ खा के बेमज़ा न हुआ

है ख़बर गर्म उनके आने की
आज ही, घर में बोरिया न हुआ

क्या वह नमरूद[7] की ख़ुदाई थी
बन्दगी[8] में मिरा भला न हुआ

जान दी, दी हुई उसी की थी
हक़ तो यह है, कि हक़ अदा न हुआ

जख़्म गर दब गया, लहू न थमा
काम गर रुक गया, रवा[9] न हुआ

रहज़नी[10] है, कि दिल सितानी[11] है
ले के दिल, दिलसिताँ[12] रवाना हुआ

कुछ तो पढ़िये, कि लोग कहते हैं
आज गालिब ग़ज़लसरा[13] न हुआ

---

1. मिन्नत क़श-ए-दवा = दवा का आभारी। 2. रक़ीब = प्रतिद्वन्द्वी, दुश्मन। 3. गिला = शिकवः, शिकायत, उलाहना। 4. ख़ंजर आज़्मा = ख़ंजर आज़्मानेवाला, ख़ंजर चलानेवाला। 5. शीरीं = मीठा, मीठे। 6. लब = होंठ, अधर। 7. नमरूद = एक पुराना बादशाह जो अपने आप को ख़ुदा कहता था। 8. बन्दगी = ईश-वन्दना। 9. रवा = जारी। 10. रहज़नी = लूटमार, डकैती। 11. दिलसिताँ = मा'शूकी। 12. दिलसिताँ = मा'शूक़। 13. ग़ज़ल सारा = ग़ज़ल सुनानेवाला।

●

11

कोई उम्मीद[1] बर नहीं आती[2]
कोई सूरत[3] नज़र नहीं आती

मौत का एक दिन मु'अइयन[4] है
नीन्द क्यों रात भर नहीं आती

आगे[5] आती थी हाल-ए-दिल प हँसी
अब किसी बात पर नहीं आती

जानता हूँ सवाब-ए-ता'अत-ओ-ज़ोह्द[6]
पर तबी'अत[7] इधर नहीं आती

है कुछ ऐसी ही बात, जो चुप हूँ
वर्नः क्या बात कर नहीं आती

क्यों न चीख़ूँ कि याद करते हैं
मेरी आवाज़ गर नहीं आती

दाग़-ए-दिल गर नज़र नहीं आता
बू[8] भी अय चार:गर[9] नहीं आती

हम वहाँ हैं, जहाँ से हम को भी
कुछ हमारी ख़बर नहीं आती

मरते हैं आरज़ू[10] में मरने की
मौत आती है, पर नहीं आती

का'बे किस मुँह से जाओगे ग़ालिब
शर्म तुम को मगर नहीं आती

---

1. उम्मीद = आशा। 2. बर नहीं आती = पूरी नहीं होती। 3. सूरत = उपाय। 4. मु'अइयन = निश्चित। 5. आगे = पहले। 6. सवाब-ए-ता'अत-ओ-ज़ौह्द = वन्दना और वैराग्य का पुण्य। 7. तबी'अत = मन। 8. बू = गन्ध। 9. चार:गर = इलाज करनेवाला, उपचारक। 10. आरज़ू = कामना।

●

12

न था कुछ तो ख़ुदा था, कुछ न होता, तो ख़ुदा होता
डुबोया मुझको होने ने, न होता मैं तो क्या होता

हुआ जब ग़म से यों बेहिस[1], तो ग़म क्या सर के कटने का
न होता गर जुदा तन से, तो ज़ानू[2] पर धरा होता

हुई मुद्दत[3], कि ग़ालिब मर गया, पर याद आता है
वह हर इक बात पर कहना, कि यों होता, तो क्या होता

---

1. बेहिस = स्तब्ध, सुन्न। 2. ज़ानू = घुटना। 3. मुद्दत = समय।

●

13

फिर मुझे दीदः-ए-तर[1] याद आया
दिल, जिगर तश्नः-ए-फ़रियाद[2] आया

दम लिया था न क़यामत[3] ने हनोज़[4]
फिर तिरा वक़्त-ए-सफ़र याद आया

सादगीहा-ए-तमन्ना[5], या'नी
फिर वह नैरंग-ए-नज़र[6] याद आया

उज्र-ए-वामान्दगी[7], अय हसरत-ए-दिल[8]
नालः करता था, जिगर याद आया

ज़िन्दगी यों भी गुज़र ही जाती
क्यों तिरा राहगुज़र[9] याद आया

क्या ही रिज़्वाँ[10] से लड़ाई होगी
घर तिरा ख़ुल्द[11] में गर याद आया

आह वह जुरअत-ए-फ़रियाद[12] कहाँ
दिल से तंग आ के जिगर याद आया

फिर तिरे कूचे[13] को जाता है ख़याल[14]
दिल-ए-गुमगश्तः[15], मगर याद आया

कोई वीरानी[16] सी वीरानी है
दश्त[17] को देख के घर याद आया

मैं ने मजनूँ प लड़कपन में, असद
सँग[18] उठाया था, कि सर याद आया

---

1. दीदः-ए-तर = भीगे नयन। 2. जिगर तश्नः-ए-फ़रियाद = आर्तनाद का प्यासा। 3. क़यामत = (क्रियामत) प्रलय। 4. हनोज़ = अभी, अभी तक। 5. सादगीहा-ए-तमन्ना = कामना की सरलता। 6. नैरंग-ए-नज़र = दृष्टि पर पड़ा हुआ इन्द्रजाल या'नी मा'शूक जो सर से पाँव तक जादू ही जादू है—मायाविनी। 7. उज्र-ए-वामान्दगी = थकावट का बहाना। 8. हसरत-ए-दिल = हृदय की अभिलाषा। 9. राहगुज़र = रास्तः, मार्ग, पथ। 10. रिज़्वाँ = जन्नत का द्वारपाल। 11. ख़ुल्द = जन्नत, बिहिश्त, स्वर्ग। 12. जुरअत-ए-फ़रियाद = आर्तनाद का साहस, फ़रियाद करने की हिम्मत। 13. कूचे = (कूचः) गली। 14. ख़याल = कल्पना। 15. दिल-ए-

गुमगश्त: = खोया हुआ दिल। 16. वीरानी = उजाड़पन। 17. दश्त = जंगल, उजाड़ मैदान। 18. सँग = पत्थर।

●

14

इब्न-ए-मरियम[1] हुआ करे कोई
मेरे दुख की दवा करे कोई

शर'-ओ-आईन[2] पर मदार[3] सही
ऐसे क़ातिल का क्या करे कोई

चाल, जैसे कड़ी कमान का तीर
दिल में ऐसे के जा[4] करे कोई

बात पर वाँ ज़बान कटती है
वह कहें और सुना करे कोई

बक रहा हूँ जुनूँ[5] में क्या क्या कुछ
कुछ न समझे, ख़ुदा करे, कोई

न सुनो, गर बुरा कहे कोई
न कहो, गर बुरा करे कोई

रोक लो, गर ग़लत चले कोई
बख़्श दो[6], गर ख़ता[7] करे कोई

कौन है, जो नहीं है हाजतमन्द[8]
किस की हाजत रवा[9] करे कोई

क्या किया ख़िज़्र[10] ने सिकन्दर से
अब किसे रहनुमा[11] करे कोई

जब तवक़्क़ो'अ[12] ही उठ गई, ग़ालिब
क्यों किसी का गिला[13] करे कोई

---

1. इब्न-ए-मरियम = मरियम का बेटा, ईसा (ईसा मुर्दों को ज़िन्दा और रोगियों को अच्छा कर देते थे)। 2. शर'-ओ-आईन = धार्मिक नियम और राज्य-विधान। 3. मदार =

आधार। 4. जा = जगह ! 5. जुनूँ = उन्माद। 6. बख़्श दो = क्षमा कर दो। 7. ख़ता = भूल, क़ुसूर, अपराध। 8. हाजतमन्द = ज़रूरतमन्द। 9. हाजत रवा करना = ज़रूरत पूरी करना। 10. ख़िज़्र = एक पैग़म्बर जो भूले-भटकों को राह दिखलाते हैं। (कहते हैं कि वे सिकन्दर को आब-ए-हयात, अमृत के झरने पर ले गये थे। खुद उन्होंने आब-ए-हयात पी लिया और सिकन्दर को वे मनुष्य दिखलाये जो यह पानी पीकर मरने से वंचित हो गये थे। सिकन्दर ने उनकी हालत देखकर पानी नहीं पिया)। 11. रहनुमा = पथ-प्रदर्शक। 12. तवक़्क़ो'अ = आशा, आसरा। 13. गिला = शिकायत।

●

15

'अिश्रत-ए-क़तर:[1] है, दरिया में फ़ना[2] हो जाना
दर्द का हद से गुज़रना, है दवा हो जाना

तुझसे, क़िस्मत में मिरी, सूरत-ए-क़ुफ़्ल-ए-अबजद[3]
था लिखा, बात के बनते ही, जुदा[4] हो जाना

दिल हुआ कशमकश-ए-चार:-ए-ज़हमत[5] में तमाम[6]
मिट गया घिसने में इस 'उक़्दे[7] का वा[8] हो जाना

अब जफ़ा[9] से भी है महरूम[10] हम, अल्लह अल्लाह
इस कदर दुश्मन-ए-अरबाब-ए-वफ़ा[11] हो जाना

ज़ो'फ़[12] से, गिरिय:[13] मुबद्दल बदम-ए-सर्द[14] हुआ
बावर[15] आया हमें पानी का हवा हो जाना

दिल से मिटना तिरी अँगुश्त-ए-हिनाई[16] का ख़्याल
हो गया गोश्त से नाख़ुन का जुदा हो जाना

है मुझे, अब्र-ए-बहारी[17] का बरस कर खुलना
रोते रोते ग़म-ए-फ़ुर्क़त[18] में, फ़ना[19] हो जाना

गर नहीं नकहत-ए-गुल को तिरे कूचे की हवस
क्यों है, गर्द-ए-रह-ए-जौलान-ए-सबा[20] हो जाना

ताकि तुझ पर खुले ए'जाज़-ए-हवा-ए-सैक़ल[21]
देख बरसात में सब्ज़[22] आइने का हो जाना

बख़्शे है जल्व:-ए-गुल[23] ज़ौक़-ए-तमाशा,[24] ग़ालिब
चश्म[25] को चाहिये हर रँग में वा[26] हो जाना

---

1. 'अिश्रत-ए-कतर: = बूँद का ऐश्वर्य। 2. फ़ना = नष्ट, विलीन। 3. सूरत-ए-क़ुफ़्ल-ए-अबजद = (अबजद—वर्णमाला) अक्षरों के मेल से खुलने वाले ताले के समान। 4. जुदा = अलग। 5. कशमकश-ए-चार:-ए-ज़ेह्मत = दिल के दर्द के उपचार का प्रयास। 6. तमाम = ख़त्म, मृत। 7. अुक़्द = गाँठ। 8. वा = खुलना, खुला हुआ। 9. जफ़ा = निर्दयता, अत्याचार। 10. महरूम = वंचित। 11. दुश्मन-ए-अर्बाब-ए-वफ़ा = प्रेम का निर्वाह करने वालों ('आशिक़ों) का दुश्मन। 12. ज़ो'फ़ = निर्बलता, कमजोरी। 13. गिरिय: = रोना, आँसू। 14. मुबद्दल बदम-ए-सर्द = ठण्डी आह में तब्दील (परिवर्तित)। 15. बावर = यक़ीन, विश्वास। 16. अँगुश्त-ए-हिनाई = मेंहदी लगी हुई उँगली। 17. अब्र-ए-बहारी = बहार की रुत का बादल, वसन्त-मेघ। 18. ग़म-ए-फ़ुर्क़त = विरह का दुःख, विरह-व्यथा। 19. फ़ना = नष्ट। 20. गर्द-ए-रह-ए-जौलान-ए-सवा = पवन के रास्ते की धूल। 21. ए'जाज़-ए-हवा-ए-सैक़ल = परिष्कृति की अभिलाषा का चमत्कार। 22. सब्ज़ = हरा। 23. जल्व:-ए-गुल = फूल की छवि, फूल की बहार। 24. ज़ौक़-ए-तमाशा = अवलोकन का चाव। 25. चश्म = आँख। 26. वा = खुलना।

●

16

रहिये अब ऐसी जगह चलकर, जहाँ कोई न हो
हमसुख़न[1] कोई न हो और हमज़बाँ[2] कोई न हो

बेदर-ओ-दीवार सा इक घर बनाया चाहिये
कोई हमसाय:[3] न हो और पास्बाँ[4] कोई न हो

पड़िये गर बीमार, तो कोई न हो तीमारदार[5]
और अगर मर जाइये, तो नौह:ख़्वाँ[6] कोई न हो

---

16. 'हमसुख़न = बात करनेवाला। 17. हमज़बाँ = अपनी भाषा बोलनेवाला। 18. हमसाय: = पड़ोसी। 19. पास्बाँ = प्रहरी। 20. तीमारदार = परिचारक, रोगी की सुश्रूषा करनेवाला। 21. नौह: ख़्वाँ = रोनेवाला।

●

17

ग़म-ए-दुनिया[1] से, गर पाई भी फ़ुर्सत, सर उठाने की
फ़लक[2] का देखना, तक़रीब[3] तेरे याद आने की

खुलेगा किस तरह मज़मूँ[4] मिरे कततूब[5] का, यारब[6]
क़सम खाई है उस काफ़िर ने, काग़ज़ के जलाने की

लिपटना परनियाँ[7] में शो'लः-ए-आतश[8] का आसाँ है
वले[9] मुश्किल है हिकमत,[10] दिल में सोज़-ए-ग़म[11] छुपाने की

उन्हें मंज़ूर[12] अपने ज़ख़्मियों[13] का देख आना था
उठे थे सैर-ए-गुल[14] को, देखना शोख़ी[15] बहाने की

हमारी सादगी[16] थी, इल्तिफ़ात-ए-नाज़[17] पर मरना
तिरा आना न था, जालिम, मगर तम्हीद[18] जाने की

लकद कोब-ए-हवादिस[19] का तहम्मुल[20] कर नहीं सकती
मिरी ताक़त, कि ज़ामिन[21] थी बुतों के नाज़ उठाने की[22]

कहूँ क्या ख़ूबि-ए-औज़ा'-ए-इबना-ए-ज़माँ,[23] ग़ालिब
बदी[24] की उसने, जिस से हमने की थी बारहा नेकी[25]

---

1. ग़म-ए-दुनिया = संसार की चिन्ता। 2. फ़लक = आकाश। 3. तक़रीब = कारण। 4. मज़मूँ = विषय। 5. मकतूब = पत्र। 6. यारब = अय ख़ुदा। 7. परनियाँ = महीन रेशमी वस्त्र। 8. शो'लः-ए-आतश = अग्निज्वाला। 9. वले = लेकिन, किन्तु। 10. हिकमत = उपाय। 11. सोज़-ए-ग़म = दुःख की तपन, सन्ताप। 12. मंज़ूर = स्वीकृत। 13. ज़ख़्मियों = घायलों, आहतों। 14. सैर-ए-गुल = फूलों की सैर। 15. शोख़ी = चंचलता, तीखापन। 16. सादगी = सीधापन, मूढ़ता। 17. इल्तिफ़ात-ए-नाज = सौन्दर्य (मा'शूक) की कृपा। 18. तम्हीद = भूमिका, आरम्भ। 19. लकद कोब-ए-हवादिस = दुर्घटनाओं की ठोकरें। 20. तहम्मुल = सहन, बर्दाश्त। 21. ज़ामिन = सामर्थ्यवान। 22. बुतों के नाज़ उठाने की = मा'शूकों के नख़रे सहने की। 23. ख़ूबि-ए-औज़ा'ए-इबना-ए-ज़माँ = जमानेवालों के रंग-ढंग की अच्छाई (यहाँ व्यंग्य है यानी बुराई)। 24. बदी = बुराई। 25. नेकी = अच्छाई।

■

शेख़ इब्राहिम ज़ौक़

[1789 - 1854 ई०]

तुम भूलकर भी याद नहीं करते हो कभी
हम तो तुम्हारी याद में सबकुछ भुला चुके।

19वीं शताब्दी में दिल्ली की उर्दू कविता को पुनर्जीवित करने वाले साहित्यकारों में ग़ालिब, ज़फ़र, मोमिन की शृंखला में एक और नाम ज़ौक़ का भी था। उनका पूरा नाम शेख़ इब्राहिम ज़ौक़ था। 1789 ई० में ज़ौक़ का जन्म दिल्ली के एक गरीब सिपाही शेख मुहम्मद रमजान के घर पर हुआ था इसलिए उनका जीवन आर्थिक तंगी में व्यतीत हुआ। गरीबी के कारण मदरसे में जाकर इनके पढ़ने-लिखने का शौक पूरा न हुआ किन्तु वे स्वाध्यायी और अत्यन्त विनम्र थे। अपनी जन्मजात प्रतिभा और अध्ययनशीलता के चलते उन्होंने इतिहास, दर्शन, गणित, ज्योतिष, चिकित्साशास्त्र और संगीत की अच्छी जानकारी प्राप्त कर ली थी। अध्ययन के दौरान ही उन्हें काव्य-रचना का शौक हुआ। उन्होंने उस समय के प्रसिद्ध शायर 'शाह नसीर' का शिष्यत्व ग्रहण किया था।

ज़ौक़ की काव्य-प्रतिभा प्रकृतिप्रदत्त थी, इस वजह से शीघ्र ही मुशायरों में उनकी ग़ज़लों की तारीफ होने लगी जो उनके उस्ताद को अच्छा न लगा। उन्होंने ग़ज़लों में इस्लाह देने की बजाय बेकार कहकर वापस करना आरम्भ कर दिया जिससे तंग आकर ज़ौक़ ने उनसे अपना रिश्ता तोड़ लिया और स्वतन्त्र काव्य-साधना शुरू की। प्रतिभा और लगन के धनी थे ही इसलिए गुरु से सम्बन्ध विच्छेद करके भी चमक गये। 19 वर्ष की अवस्था में उन्होंने बादशाह अकबरशाह के दरबार में एक कसीदा सुनाया जिस पर उन्हें खाकानी-ए-हिन्द का खिताब मिला। इतनी कम उम्र में यह खिताब पाना कमाल की बात थी। बाद में बहादुर शाह ज़फ़र जैसे बादशाह शायर ने उनका शिष्यत्व ग्रहण किया और अपने राज्य का कविराज नियुक्त कर दिया। उनके अन्य शिष्यों में नवाब मिर्ज़ा खाँ 'दाग़', मौलाना मुहम्मद हुसैन 'आज़ाद', सय्यद जहीरुद्दीन ज़हीर के नाम उल्लेखनीय हैं।

प्रकृति ने ज़ौक़ को बुद्धि और मृदु स्वभाव देने में जो दानशीलता दिखायी, शारीरिक व्यक्तित्व देने में उतनी ही बेपरवाही बरती। कद साधारण से कम, रंगत साँवली, चेहरे पर चेचक के दाग किन्तु आँखें चमकतीं, बदन में फुर्ती, आवाज़ सुरीली, सन्तोष, सौहार्द, प्रेम, दया, करुणा, सहिष्णुता की प्रतिमूर्ति जिसे देखकर

कोई भी आकर्षित हो उठता। उनके जीवन का एकमात्र शौक था कविता करना। जवानी के दिनों में भी कोई बुरी लत न पाली। मस्जिद में नमाज़ ही अदा करते रहे। इस कमाल के उस्ताद ने 1854 ई० में पन्द्रह दिन बीमार रहकर परलोकगमन किया। मरने के तीन घण्टे पहले यह शेर कहा था—

कहते हैं 'ज़ौक़' आज जहाँ से गुज़र गया
क्या खूब आदमी था, ख़ुदा मग़फरत करे।

1857 ई० के गदर में ज़ौक़ का अधिकांश साहित्य नष्ट हो गया। इस समय उनका जो साहित्य मिलता है उसमें 167 ग़ज़लें, 24 कसीदे और कुछ फुटकर कविताएँ हैं। मुहम्मद हुसैन आज़ाद के अनुसार उनकी एक मसनवी भी थी जिसमें 500 शेर थे।

ज़ौक़ मूलतः रूपवादी कवि थे। शब्द-चयन, वाक्य-विन्यास, उक्ति-कौशल, मुहावरों के प्रयोग, काव्य-नियमों की पाबन्दी और भाषा की सादगी व चुस्ती पर बहुत ध्यान देते थे और इस क्षेत्र में अपने जमाने में अद्वितीय थे लेकिन इसका मतलब यह नहीं कि उनका भावपक्ष बिल्कुल कोरा था। ग़ालिब की भाँति उनका भावपक्ष काफी चमक-दमक वाला न होते हुए भी काफी गम्भीर है और उसकी उपेक्षा नहीं की जा सकती। उनके भावपक्ष का आधार उनकी साधु प्रकृति है। संक्षेप में उनका जीवनदर्शन यही है कि आदमी दुनिया में आकर घमण्ड न करे, दूसरों के काम आये, किसी का दिल न दुखाये, खुद ख़ुदा से डरता रहे और किसी से लड़ाई न करे। सबसे मेल-मुहब्बत से रहकर खामोशी और सब्र से ज़िन्दगी बिताना उनका लक्ष्य रहा है। उनकी लगभग हर ग़ज़ल में इस तरह के साधुतापूर्णता निःस्पृहता के शेर मिलते हैं—

अब तो घबरा के ये कहते हैं कि मर जायेंगे
मर गये पर न लगा जी तो किधर जायेंगे।

❑ ❑ ❑ ❑

नाम मंजूर है तो फैज असबाब बना
पुल बना, चाह बना, मस्जिदो-तालाब बना।

अतः कहा जा सकता है कि ज़ौक़ सिर्फ कलाकारी नहीं दिखाते। कलापक्ष के साथ उनका भावपक्ष भी काफी प्रबल है। जो कुछ उन्होंने अपने पूरे जीवनकाल में लिखा वह सब जमा किया जाता तो न जाने कितनी जिल्दें भर जातीं लेकिन गदर में लुटे-पिटे काव्य-संग्रह के बचे-खुचे भाग के आधार पर उर्दू साहित्य में उनका जो स्थान बनता है वह अत्यन्त महत्त्वपूर्ण है।

●

ज़ौक़ की शायरी

1

अब तो घबरा के ये कहते हैं कि मर जायेंगे
मर गये पर न लगा जी तो किधर जायेंगे
सामने चश्मे-गुहरबार[1] के, कह दो, दरिया
चढ़ के गर आये तो नज़रों से उतर जायेंगे
ख़ाली ऐ चारागरो[2] होंगे बहुत मरहमदान
पर मेरे ज़ख़्म नहीं ऐसे कि भर जायेंगे
पहुँचेंगे रहगुज़रे-यार तलक हम क्योंकर
पहले जब तक न दो-आ़लम[3] से गुज़र जायेंगे
आग दोज़ख़ की भी हो आयेगी पानी-पानी
जब ये आ़सी[4] अरक़े-शर्म[5] से तर जायेंगे
हम नहीं वह जो करें ख़ून का दावा तुझ पर
बल्कि पूछेगा ख़ुदा भी तो मुकर जायेंगे
रुख़े-रौशन[6] से नक़ाब अपने उलट देखो तुम
मेहरो-मह[7] नज़रों से यारों के उतर जायेंगे
'ज़ौक़' जो मदरसे के बिगड़े हुए हैं मुल्ला
उनको मैख़ाने में ले आओ, सँवर जायेंगे

---

1. चश्मे-गुहरबार = मोती बरसाने वाली आँख। 2. चारागरो = चिकित्सको। 3. दो-आ़लम = लोक-परलोक। 4. आ़सी = पापी। 5. अरक़े-शर्म = लज्जा का पसीना। 6. रुख़े-रौशन = सुन्दर मुख। 7. मेहरो-मह = सूर्य-चन्द्र।

●

2

किसी बेकस को ऐ बेदादगर[1], मारा तो क्या मारा
जो ख़ुद ही मर रहा हो उसको गर मारा तो क्या मारा
बड़े मूज़ी को मारा नफ़्से-अम्मारा[2] को गर मारा
नहँगो-अज़हदा-ओ-शेरे-नर[3] मारा तो क्या मारा
हँसी के साथ याँ रोना है मिस्ले-कुलकुले-मीना[4]
किसी ने क़हक़हा, ऐ बेख़बर, मारा तो क्या मारा
दिले-संगीने-खुसरो[5] पर भी ज़र्बे-कोहकन[6] पहुँची
अगर तेशा[7] सरे-कुहसार[8] पर मारा तो क्या मारा
गया शैतान मारा एक सिजदे के न करने में
अगर लाखों बरस सिजदे में सर मारा तो क्या मारा
दिले-बदख़्वाह[9] में था मारना या चश्मे-बदबी[10] में
फ़लक पर 'ज़ौक़' तीरे-आह गर मारा तो क्या मारा

---

1. बेदादगर = अत्याचारी। 2. नफ़्से-अम्मारा = पापोन्मुख मन। 3. नहँगो-अज़हदा-ओ-शेरे-नर = घड़ियाल, अजगर और सिंह। 4. मिस्ले-कुलकुले-मीना = बोतल में से निकलते वक़्त शराब की आवाज़। 5. दिले-संगीने-खुसरो = खुसरो के कड़े दिल। 6. ज़र्बे-कोहकन = फ़रहाद की (पहाड़ काटने वाले की) चोट। 7. तेशा = पत्तर काटने का औज़ार। 8. सरे-कुहसार = पहाड़ के सर। 9. दिले-बदख़्वाह = बुरा चाहने वाला दिल। 10. चश्मे-बदबी = बुरा देखने वाली आँख।

●

3

जान के जी में सदा जीने का अरमाँ ही रहा
दिल को भी देखा किये यह भी परेशाँ ही रहा।
कब लिबासे-दुनयवी[1] में छुपते हैं रौशन-ज़मीर[2]
ख़ानाए-फ़ानूस[3] में भी शोला उरियाँ[4] ही रहा
आदमीयत और शै[5] है इल्म है कुछ और शै
कितना तोते को पढ़ाया पर वो हैवाँ ही रहा

मुद्दतों दिल और पैकाँ[6] दोनों सीने में रहे
आख़िरश दिल बह गया ख़ूँ होके पैकाँ ही रहा
दीनो-ईमाँ ढूँढता है 'ज़ौक़' क्या इस वक़्त में
अब न कुछ दीं ही रहा बाक़ी न ईमाँ ही रहा

---

1. लिबासे-दुनयवी = सांसारिक आवरण। 2. रौशन-ज़मीर = महात्मा। 3. ख़ानाए-फ़ानूस = फ़ानूस का घर। 4. शोला उरिया = नग्न, स्पष्ट। 5. शै = चीज़। 6. पैकाँ = तीर की नोक।

●

4

मज़कूर[1] तेरी बज़्म में किसका नहीं आता
पर ज़िक्र हमारा नहीं आता नहीं आता
जीना हमें अपना नज़र इसला[2] नहीं आता
गर आज भी वह रश्के-मसीहा नहीं आता
बेजा है दिला[3], उसके न आने की शिकायत
क्या कीजेगा, फ़रमाइए? अच्छा, नहीं आता
हम होने पे आ जायें तो दरिया ही बहा दें
शबनम की तरह से हमें रोना नहीं आता
हस्ती से ज़ियादा है कुछ आराम अ़दम[4] में
जो जाता है वाँ से वो दोबारा नहीं आता
ग़ाफ़िल! है बहारे-चमने-उम्र[5] जवानी
कर सैर कि मौसम ये दोबारा नहीं आता
क़िस्मत ही से लाचार हूँ ऐ 'ज़ौक़' वगर्ना[6]
सब फ़न में हूँ मैं ताक़[7] मुझे क्या नहीं आता

---

1. मज़कूर = ज़िक्र। 2. इसला = हरगिज़। 3. दिला = ऐ दिल!। 4. अ़दम = परलोक। 5. बहारे-चमने-उम्र = आयु-रूपी उद्यान का वसन्त। 6. वगर्ना = वर्ना। 7. ताक़ = दक्ष।

●

5

क्या आये तुम जो आये घड़ी दो घड़ी के बाद
सीने में साँस होगी अड़ी दो घड़ी के बाद
क्या रोका अपने ग़िरिये[1] को हमने कि लग गयी
फिर वो ही आँसुओं की झड़ी दो घड़ी के बाद
कल हमने उससे तर्के-मुलाक़ात की तो क्या
फिर उस बग़ैर कल न पड़ी दो घड़ी के बाद
क्या जाने दो घड़ी वो रहे 'ज़ौक़' किस तरह
फिर तो न ठहरे पाँव घड़ी दो घड़ी के बाद

---

1. ग़िरिये = रुदन।

●

6

मैं वो मजनूँ हूँ जो निकलूँ कुंजे-ज़िंदाँ[1] छोड़कर
सेबे-जन्नत तक न खाऊँ संगे-तिफ़्लाँ[2] छोड़कर
मैं हूँ वो गुमनाम जब दफ़्तर में नाम आया मेरा
रह गया बस मुंशी-ए-कुदरत जगह वाँ छोड़कर
अहले-जौहर[3] को वतन में रहने देता गर फ़लक[4]
लाल क्यों इस रंग से आता बदख़्शाँ छोड़कर
घर से भी वाक़िफ़ नहीं उसके कि जिसके वास्ते
बैठे हैं घरबार सब हम ख़ाना-वीराँ छोड़कर
इन दिनों गर्चे दकन में है बड़ी क़द्रे-सुख़न[5]
कौन जाये 'ज़ौक़' पर दिल्ली की गलियाँ छोड़कर

---

1. कुंजे-ज़िंदाँ = क़ैदख़ाने का कोना। 2. संगे-तिफ़्लाँ = लड़कों के चलाये पत्थर। 3. अहले जौहर = गुणीजन। 4. फ़लक = आसमान (भाग्य)। 5. क़द्रे-सुख़न = कविता की क़द्र।

●

7

वो देखें बज़्म में पहले किधर को देखते हैं
मुहब्बत! आज तेरे हम असर को देखते हैं
हम उनके कोठे पे चढ़कर हैं ढूँढते महे-ईद[1]
किधर को चाँद है और हम किधर को देखते हैं
न पूछो शग़्ल असीरी में हम ग़रीबों का
कभी क़फ़स[2] को कभी बालो-पर को देखते हैं
अरक़[3] के क़तरे नहीं देखते हैं उस रुख़ पर
सितारे धूप में हम दोपहर को देखते हैं
अ़यार[4] नक़्दे-मुहब्बत[5] को देख सख़्ती पर
लगा के 'ज़ौक़' कसौटी पे ज़र[6] को देखते हैं

---

1. महे-ईद = ईद का चाँद। 2. क़फ़स = पिंजरा। 3. अरक़ = पसीना। 4. अ़यार = खरापन। 5. नक़्दे-मुहब्बत = प्रेम-रूपी-धन। 6. ज़र = सोना।

●

8

दिन कटा, जाइए अब रात किधर काटने को
जब से वह घर में नहीं, दौड़े है घर काटने को
हाय सय्याद[1] तो आया मेरे पर काटने को
मैं तो खुश था कि छुरी लाया है सर काटने को
अपने आ़शिक़ को न खिलवाओ कनी हीरे की
उसके आँसू ही किफ़ायत[2] हैं जिगर काटने को
वह शजर[3] हूँ न गुलो-बार[4] न साया मुझमें
बाग़बाँ ने लगा रक्खा है मगर[5] काटने को
शाह ही से दिले-बेताब का है 'ज़ौक़' ये हाल
है अभी रात पड़ी चार पहर काटने को

---

1. सय्याद = शिकारी। 2. किफ़ायत = काफ़ी। 3. शजर = पेड़। 4. गुलो-बार = फूल-फल। 5. मगर = शायद।

■

दाग़ देहलवी

[25 मई 1830 – 17 फरवरी 1905 ई०]

ग़ज़ब किया तेरे वादे पे एतबार किया
तमाम रात क़यामत का इन्तज़ार किया।

दाग़ देहलवी का जन्म 25 मई, 1831 ई० को दिल्ली में हुआ। उनका वास्तविक नाम नवाब मिर्ज़ा खाँ था। उन्होंने 'दाग़ देहलवी' नाम से शायरी में बेहद ख्याति अर्जित की। उनकी ग़ज़लों के पाँच संग्रह मिलते हैं—'गुलजारे-दाग़', 'आफ़ताबे-दाग़', 'महताबे-दाग़', 'यादगारे-दाग़' और 'यादगारे दाग़-भाग 2'। इसके अतिरिक्त 'फ़रियादे-दाग़' नामक मसनवी और 'इन्शा-ए-दाग़' नामक पत्र-संकलन भी 'दाग़' की रचनाओं में शामिल है। दाग़ फिरोजपुर के प्रसिद्ध नवाब शमसुद्दीन के पुत्र थे। दाग़ की आयु छः साल ही थी कि पिता का देहान्त हो गया। तत्पश्चात् उनकी माता ने बादशाह बहादुर शाह 'ज़फ़र' के पुत्र मिर्ज़ा फ़ख़रुद्दीन से शादी कर ली। इस तरह दाग़ का शुरुआती जीवन राजभवन अर्थात् लाल किले में बीता। इन्होंने पहली ग़ज़ल 16 वर्ष की आयु में लाल किले में पढ़ी। ज़ौक़ इनके काव्यगुरु थे। ग़दर में मुग़ल परिवार का विनाश होने के बाद दाग़ अपने परिवार को लेकर रामपुर, लखनऊ, पटना व कलकत्ता में जीवन बिताते हुए, अन्ततः हैदराबाद में बस गये। दाग़ की मृत्यु 17 फरवरी, 1905 ई० में हैदराबाद में हुई।

दाग़ ग़ज़ल के उस्ताद शायर थे। उनके हजारों शिष्य थे। उनके प्रसिद्ध शिष्यों में—'इक़बाल', 'बेख़ुद', 'आग़ा शाएर', 'सीमाब अकबराबादी', 'जिगर मुरादाबादी' का नाम लिया जा सकता है। दाग ने लखनवी शैली से भाषा का माधुर्य तथा दिल्ली शैली से सरलता और सादगी ग्रहण करके अपनी ग़ज़लों में प्रस्तुत किया। उनकी ग़ज़लों में प्रेम की तीव्र अनुभूतियों का प्रतिबिम्ब होने के साथ जीवन की विविध छवियाँ भी हैं। प्रसिद्ध शायर निदा फाज़ली ने दाग़ के बारे में लिखा है कि, "उनकी शायरी में उनके व्यक्तित्व की भाँति जिसमें आशिक़, नज़ाराबाज़, सूफ़ी, फ़नकार, दुनियादार, अतीत-वर्तमान एक साथ जीते-जागते हैं, कई दिशाओं का सफ़रनामा है। ये शायरी जिन्दा आदमी के विरोधाभासों का बहुमुखी रूप है, जिसे किसी एक चेहरे से पहचानना कठिन है।"

दाग़ का युग साहित्यिक दृष्टि से दो दिशाओं में विभाजित था। एक तरफ़ सर सैयद और उनके साथी हाली, शिबली और आज़ाद थे, जो साहित्य को देश और क़ौम के सुधार का माध्यम बनाना चाहते थे। वे कथ्य तथा शिल्प में नये प्रयोग कर रहे थे, नज़ीर अकबराबादी के सौ बरस बाद कविता फिर से सामूहिक जीवन से जुड़ रही थी। दूसरी तरफ असीर, तसलीम, अमीर आदि की शायरी थी, जो ग़ज़ल की उस परम्परा की वारिस थी, जो शाह नसीर, मीर सोज़, जुर्अत से होती हुई उन तक आयी थी। उनके यहाँ परम्परा के अन्धे अनुकरण ने ग़ज़ल को मीरो-ग़ालिब के विस्तृत परिदृश्य से दूर करके महफ़िलों के चोंचलों और अठखेलियों तक सीमित कर दिया था। दाग़ का क्लासिकी मिज़ाज भी इन्हीं शायरों के करीब था। परन्तु, दाग़ की होशमन्दी और जीवन के उतार-चढ़ाव से उनका सम्बन्ध अपने समकालीनों की तुलना में अधिक गम्भीर और प्रगतिशील था। दाग़ जिन दिनों लिख रहे थे, वह समय सामाजिक-सांस्कृतिक दृष्टि से अत्यन्त पतनशील था। उस भ्रष्ट वातावरण में उच्च्व आदर्शों, दार्शनिक तत्त्वों और गम्भीर ज्ञान व चिन्तन-मनन के लिए स्थान नहीं था। इस सबके बावजूद उन्होंने अपनी शायरी के माध्यम से प्रेम और आशा का संचार किया।

●

दाग़ की शायरी

1

बुताने-माहवश[1] उजड़ी हुई मंज़िल में रहते हैं
कि जिस की जान जाती है उसी के दिल में रहते हैं

हज़ारों हसरतें[2] वह हैं कि रोके से नहीं रुकतीं
बहुत अरमान ऐसे हैं कि दिल के दिल में रहते हैं

ख़ुदा रक्खे मुहब्बत ने किये आबाद दोनों घर
मैं उनके दिल में रहता हूँ वो मेरे दिल में रहते हैं

ज़मी पर पाँव नख़वत[3] से नहीं रखते परी-पैकर
ये गोया इस मकाँ की दूसरी मंज़िल में रहते हैं

कोई नामो-निशाँ[4] पूछे तो ऐ क़ासिद[5] बता देना
तख़ल्लुस[6] दाग़ है और आशिक़ों के दिल में रहते हैं

---

1. बुताने-माहवश = चाँद जैसे चेहरेवाले। 2. हसरतें = वह इच्छा जो पूरी न हो। 3. नख़वत = गर्व। 4. नामो-निशाँ = अता-पता। 5. क़ासिद = पैग़ाम लाने-ले जानेवाला। 6. तख़ल्लुस = उपनाम।

●

2

ग़ज़ब किया तेरे वादे का एतबार किया
तमाम रात क़यामत का इन्तिज़ार किया

तुझे तो वादा-ए-दीदार[1] हमसे करना था
ये क्या किया कि जहाँ को उमीदवार किया

हम ऐसे महवे-नज़ारा[2] न थे जो होश आता
मगर तुम्हारे तग़ाफुल[3] ने होशियार किया

भुला भुला के जताया है उनको राज़े-निहाँ[4]
छुपा छुपा के मुहब्बत को आशकार[5] किया

फ़साना-ए-शबेग़म[6] उनको इक कहानी थी
कुछ एतबार किया कुछ न एतबार किया

---

1. वादा-ए-दीदार = दर्शन का वचन। 2. महवे-नज़ारा = दर्शक। 3. तग़ाफुल = नाराज़गी। 4. राज़े-निहाँ = गुप्त भेद। 5. आशकार = ज़ाहिर। 6. फ़साना-ए-शबेग़म = ग़म की रात की कथा।

●

3

हम ने उनके सामने पहले तो ख़ंजर रख दिया
फिर कलेजा रख दिया, दिल रख दिया, सर रख दिया

क़तर-ए-ख़ूने जिगर[1] सी की तवाज़ो[2] इश्क़ की
सामने मेहमान के जो था मयस्सर[3] रख दिया

ज़िन्दगी में पास से दम भर न होते थे जुदा
क़ब्र में तन्हा मुझे यारों ने क्यों कर रख दिया

देखिये अब ठोकरें खाती हैं किस किस की निगाह
रोज़ने-दीवार[4] में ज़ालिम ने पत्थर रख दिया

जुल्फ ख़ाली, हाथ ख़ाली किस जगह ढूँढ़ें इसे
तुम ने दिल ले कर कहाँ ऐ बन्दापरवर रख दिया

---

1. जिगर = जिगर के ख़ून की बूँद। 2. तवाज़ो = सेवा। 3. मयस्सर = उपलब्ध। 4. रोज़ने-दीवार = दीवार का छेद।

●

4

राह देखेंगे न दुनिया से गुज़रने वाले
हम तो जाते हैं ठहर जाएँ ठहरने वाले

एक तो हुस्न बला उस पे बनावट आफ़त
घर बिगाड़ेंगे हज़ारों के सँवरने वाले

तेरे गेसू-ए-परेशाँ[1] न करें, सौदाई[2]
सर न हो जाएँ किसी के ये बिखरने वाले

हश्र[3] में लुत्फ़ हो जब उनसे हों दो दो बातें
वो कहें कौन हो तुम, हम कहें मरने वाले

हज़रते-दाग़ जहाँ बैठ गये बैठ गये····!
और होंगे तेरी महफ़िल से उभरने वाले

---

1. गेसू-ए-परेशाँ = बिखरे बाल। 2. सौदाई = दीवाना। 3. हश्र = परलोक।

●

5

फिरे राह से वो यहाँ आते आते
अजल[1] मर रही तू कहाँ आते आते

अभी सिन[2] ही क्या है जो बेबाकियाँ हों
उन्हें आयेंगी शोख़िया[3] आते आते

बना है हमेशा ये दिल बाग़ो-सहरा[4]
बहार आते आते ख़िज़ाँ आते आते

मेरे आशियाँ के तो थे चार तिनके
चमन उड़ गया आँधियाँ आते आते

नहीं खेल ऐ दाग़ यारों से कह दो
कि आती है उर्दू ज़बाँ आते आते

---

1. अजल = मृत्यु। 2. सिन = उम्र। 3. शोख़िया = चंचलता। 4. बाग़ो-सहरा = मधुबन-जंगल।

●

6

फ़लक[1] देता है जिनको ऐश उनको ग़म भी होते हैं
जहाँ बजते हैं नक़्क़ारे वहाँ मातम भी होते हैं

गिले शिकवे कहाँ तक होंगे आधी रात तो गुज़री
परेशाँ तुम भी होते हो परेशाँ हम भी होते हैं

हमारे आँसुओं की आबदारी[2] और ही कुछ है
कि यूँ होने को रौशन गौहरे-शबनम[3] भी होते हैं

हमारे साथ ही पैदा हुवा है इश्क़ ऐ नासेह[4]
जुदाई किस तरह से हो जुदा तो हम भी होते हैं

तबीअत की कजी[5] हरगिज़ मिटाए से नहीं मिटती
कभी सीधे तुम्हारे गेसु-ए-पुर-ख़म[6] भी होते हैं

---

1. फ़लक = आकाश। 2. आबदारी = चमक। 3. गौहरे-शबनम = ओस के मोर्ती। 4. नासेह = नसीहत करनेवाला। 5. कजी = टेढ़। 5. गेसु-ए-पुर-ख़म = बलदार बाल।

●

7

क्या कहा फिर तो कहो दिल की ख़बर कुछ भी नहीं
क्यों ये क्या है ख़मे-गेसू[1] में अगर कुछ भी नहीं

आँख पड़ती हैं कहीं पाँव कहीं पड़ता है
सब की है तुम को ख़बर अपनी ख़बर कुछ भी नहीं

इक जफ़ा[2] तेरी जो कुछ भी नहीं तो सब कुछ है
इक वफ़ा मेरी कि सब कुछ है मगर कुछ भी नहीं

रात की रात का मेहमाँ है मरीज़े-हिज्राँ[3]
सुबह तुम आए तो क्या आए सहर कुछ भी नहीं

ऐब[4] बे ऐब है जब हद से गुज़र जाता है
अब बजुज़[5] बेहुनरी मुझ में हुनर[6] कुछ भी नहीं

---

1. ख़मे-गेसू = बालों का बल। 2. जफ़ा = बेवफ़ाई। 3. मरीज़े-हिज्राँ = बिरहा का रोगी। 4. ऐब = दोष। 5. बज़ुज़ = सिवाए। 6. हुनर = कला।

■

इक़बाल

[1875 - 1938 ई०]

हज़ारों साल नर्गिस अपनी बेनूरी पे रोती है
बड़ी मुश्किल से होता है चमन में दीदावर पैदा।

उर्दू के विद्वान् शायर इक़बाल का जन्म 1875 ई० में पंजाब के स्यालकोट में एक ऐसे परिवार में हुआ था जिसके पूर्वज सप्रू गोत्र के कश्मीरी ब्राह्मण थे। इक़बाल के पिता का नाम नूर मुहम्मद था। प्रारम्भिक शिक्षा उन्होंने सियालकोट में प्राप्त की, फिर उच्च शिक्षाप्राप्ति हेतु लाहौर चले गये। अध्ययन-काल में वह अपने विद्यालय के सर्वश्रेष्ठ विद्यार्थियों में गिने जाते थे। दर्शनशास्त्र में एम०ए० की उपाधि प्राप्त करने के बाद विशेष अध्ययन के लिए लन्दन गये, वहाँ उन्होंने बैरिस्टरी पास करने के साथ ही दर्शन-शास्त्र में उच्च शिक्षा भी प्राप्त की। 1908 ई० में लन्दन से लौटने के बाद उन्होंने लाहौर कॉलेज में अध्यापन का कार्य किया किन्तु कुछ समय बाद अपने राजनीतिक विचारों और गतिविधियों के कारण प्राध्यापकी छोड़कर बैरिस्टरी आरम्भ कर दी। उन्होंने जर्मनी से ईरानी दर्शन पर डॉक्टरेट की उपाधि प्राप्त की थी। 1922 ई० में उन्हें नाइट हुड अर्थात् 'सर' की उपाधि मिली। 1931 ई० में मुसलमानों के प्रतिनिधि के रूप में गोलमेज सभा में सम्मिलित होने लन्दन गये। उनका स्वास्थ्य बराबर खराब रहा करता था। 1936 ई० में दशा बिगड़ती गयी और अप्रैल 1938 ई० में उनका देहान्त हो गया।

इक़बाल का बचपन एक ऐसे पिता की छत्रछाया में बीता, जो धर्म को बड़ा महत्त्व देते थे। उन्हें ऐसे गुरु भी मिलते गये जिन्होंने उन पर गहरा प्रभाव डाला। अध्यापक मीर हसन ने शायरी के प्रति उनमें दिलचस्पी पैदा की, बाद में उन्होंने मिर्ज़ा अरशद गोरगानी की शागिर्दी की। वे 'दाग़ देहलवी' से डाक के जरिये अपनी ग़ज़लों को संशोधित करवाते थे हालाँकि कुछ समय बाद उन्होंने ग़ज़लों की सफाई और चुस्ती देखकर यह कह कर मना कर दिया कि उनमें संशोधन की कोई आवश्यकता नहीं है। 'दाग़' को इस बात का गर्व रहा कि उन्हें इक़बाल की उस्तादी का सौभाग्य प्राप्त हुआ।

उर्दू में इक़बाल की ख्याति उनके चार काव्य-संग्रहों पर टिकी हुई है—बागे दराँ, बाले-जिब्रील, जर्बे-कलीम और अर्मुगाने-हिज़ाज़। फारसी में भी उनकी कई

पुस्तकें हैं जो उर्दू संग्रहों से अधिक महत्त्व रखती हैं जैसे—असरारे खुदी, रमूज़े-बेखुदी, जावेदनामा, जबरे आज़म, पयामे मशरिक आदि।

इक़बाल ने शायरी के विकास की अनेक मंजिलें तय कीं। उनके समूचे विकास को तीन भागों में विभक्त किया जा सकता है। अपनी शायरी के प्रथम दौर अर्थात् 1899–1905 ई० में उन्होंने कोमलता, सरसता, सरलता और शोखी के रंग से परिपूर्ण ग़ज़लें लिखीं। इसी समय उन्होंने प्रकृति और देशभक्तिप्रधान नज़्मे भी लिखीं—

मज़हब नहीं सिखाता, आपस में बैर रखना
हिन्दी हैं हम, वतन है हिन्दोस्ताँ हमारा।

भारत के पर्वतों, गाती हुई नदियों, लहलहाते हुए पुष्प-कुंजों और देश-प्रेम के प्रकाश से जगमगाती हुई धरती-आकाश का पुजारी बनकर उन्होंने नानक और चिश्ती, राम और रामतीर्थ का गुणगान किया और अबोध बालकों तक से यह प्रार्थना करायी—

हो मेरे दम से यूँ ही मेरे वतन की ज़ीनत
जिस तरह फूल से होती है चमन की ज़ीनत।

दूसरे दौर (1905–1908 ई०) में इक़बाल की यह चेतना बदल गयी। 1907 में जब वे उच्च शिक्षाप्राप्ति हेतु यूरोप गये, वहाँ उन्हें एक नयी दुनिया देखने को मिली जिससे उनके भावजगत् और विचारलोक में काफी परिवर्तन हो गया। उनकी कविता दार्शनिकता में डूब गयी। उन पर ईरान के मौलाना रूमी और यूरोप के दार्शनिक नीत्शे का गहरा प्रभाव पड़ा। इसी समय इक़बाल ने खुदी (अहं) के दर्शन को स्वीकार किया।

खुदी को कर बुलन्द इतना कि हर तकदीर से पहले
ख़ुदा बंदे से खुद पूछे बता तेरी रज़ा क्या है।

इक़बाल की शायरी का तीसरा काल (1908–1938 ई०) लम्बा और वैविध्यपूर्ण है। इस काल की रचनाएँ कई कारणों से वाद-विवाद का विषय बनी हुई हैं। राष्ट्रवादियों ने उनके साम्राज्यवाद-विरोध को अपनी ओर घसीटा तो सम्प्रदायवादियों ने उनके इस्लामवाद का फायदा उठाया और साम्यवादियों ने उनके पूँजीवाद-विरोध का। जिस इक़बाल ने कभी यह कहा था 'हिन्दी हैं हम, वतन है हिन्दोस्ताँ हमारा' उसी इक़बाल ने यह लिखा—

चीनो-अरब हमारा हिन्दोस्ताँ हमारा
मुस्लिम हैं हम वतन है सारा जहाँ हमारा
तेगों के साये में हम पल कर जवाँ हुए हैं
खंजर हिलाल का है खूनी निशाँ हमारा।

मजनू गोरखपुरी ने बहुत सही लिखा है कि, ''इक़बाल अपने तख़ैयुल को सीधे रास्ते पर कायम न रख सके और उनकी आफ़ाकियत (अन्तर्राष्ट्रीय चेतना) में बहुत से गलत तसव्वुरात (विचार) दाखिल हो गये। वह कौमपरस्ती और वतनियत

के रास्ते से निकलकर मजहबों-मिल्लत के तंग दायरे में फँस गये।'' यूरोप से लौटने के बाद देशभक्ति का ओजस्वी गीत गाने वाले इक़बाल 'अरब भक्ति' के गीत गाने लगे। यहीं नहीं, उनमें भारत के प्रति अपार घृणा और विद्वेष भावना भर गयी—

नहीं जब्ते नवा मुमकिन तो उड़ जा इस गुलिस्ताँ से
कि महफिल से तो खुश्तर है किसी सहरा की तन्हाई।

आलोचकों में अक्सर इस बात का विवाद उठ खड़ा होता है कि उन्हें एक कवि के रूप में देखा जाये या दर्शनशास्त्री के रूप में। दरअसल इक़बाल सामाजिक, रानीतिक एवं आध्यात्मिक चेतना से लैस एक ऐसे सजग साहित्यकार थे जिसकी दृष्टि जितनी युग-परिवर्त्तनों और आवश्यकताओं पर होती है उतनी ही अपनी आस्थाओं और आस्था-केन्द्रों पर भी होती है।

कतिपय सीमाओं और अन्तर्विरोधों के बावजूद यह एक सच्चाई है कि इक़बाल ने उर्दू कविताओं को अपनी शायरी से सशक्तता और जीवन्तता प्रदान की। उन्होंने वैयक्तिक प्रेम को सामाजिक धरातल पर प्रतिष्ठित किया और लोगों का ध्यान सामाजिक, राजनीतिक समस्याओं की ओर आकृष्ट किया। वे मनुष्य की असीम शक्ति के विश्वासी थे। वे मानते थे कि मनुष्य को सतत संघर्ष करते हुए आगे बढ़ना चाहिये और रास्ते में आने वाली बाधाओं और मुसीबतों से कभी घबराना नहीं चाहिये—

सितारों से आगे जहाँ और भी हैं,
अभी इश्क के इम्तिहाँ और भी हैं।

उर्दू साहित्य में इक़बाल रवीन्द्रनाथ टैगोर के समान हैं। उन्होंने प्रकृति-प्रेम, राष्ट्रप्रेम, देशभक्ति तथा चिन्तनपरक और सूफ़ियाना विषयों को अपनी शायरी में स्थान दिया। प्रगतिशील शायरी का झण्डा सबसे पहले उन्होंने ही उठाया जिसे बाद में जोश, फिराक़, फ़ैज़, साहिर आदि अनेक शायरों ने उन्नत किया। उन्होंने उर्दू शायरी को विद्रोही तेवर और दर्शन की गहनता दी।

●

इक़बाल की शायरी

नया शिवालय

सच कह दूँ ऐ बिरहमन! गर तू बुरा न माने।
तेरे सनमकदों[1] के बुत हो गए पुराने॥
अपनों से बैर रखना तूने बुतों से सीखा।
जंगो-जदल[2] सिखाया वाइज़[3] को भी ख़ुदा ने॥
तंग आके मैंने आख़िर दैरो-हरम[4] को छोड़ा।
वाइज़ का वाज़ छोड़ा, छोड़े तेरे फ़साने[5]॥
पत्थर की मूरतों में समझा है तू ख़ुदा है।
ख़ाके-वतन का मुझको हर ज़र्रा देवता है॥

आ ग़ैरियत[6] के पर्दे इक बार फिर उठा दें।
बिछड़ों को फिर मिला दें, नक़्शे-दुई[7] मिटा दें॥
सूनी पड़ी हुई है मुद्दत से दिल की बस्ती।
आ इक नया शिवालय इस देस में बना दें॥
दुनिया के तीरथों से ऊँचा हो अपना तीरथ।
दामाने-आस्माँ[8] से इसका कलश मिला दें॥
हर सुबह उठके गायें मंतर[9] वो मीठे-मीठे।
सारे पुजारियों को मय[10] पीत की पिला दें॥
शक्ति भी शान्ति भी भक्तों के गीत में है।
धरती के बासियों की मुक्ति परीत[11] में है॥

---

1. सनमकदों = बुतख़ाना (मन्दिर)। 2. जंगो-जदल = युद्ध। 3. वाइज़ = इस्लामी उपदेशक। 4. दैरो-हरम को = मन्दिर तथा काबे की चारदीवारी को। 5. फ़साने = कहानियाँ। 6. ग़ैरियत = वैर-भाव। 7. नक़्शे-दुई = दुई के चिह्न। 8. दामाने-आस्माँ = आकाश का दामन (आकाश)। 9. मंतर = मंत्र। 10. मय = मदिरा। 11. परीत = प्रीत।

●

परिंदे की फ़र्याद

आता है याद मुझको गुज़रा हुआ ज़माना।
वो बाग़ की बहारें वो सबका चहचहाना॥
आज़ादियाँ कहाँ वो अब अपने घोंसले की।
अपनी ख़ुशी से आना अपनी ख़ुशी से जाना॥
लगती है चोट दिल पर, आता है याद जिस दम।
शबनम के आँसुओं पर कलियों का मुस्कराना॥
वो प्यारी-प्यारी सूरत वो कामनी-सी मूरत।
आबाद जिसके दम से था मेरा आशियाना॥
आती नहीं सदाएँ उसकी मेरे क़फ़स में।
होती मेरी रिहाई ऐ काश! मेरे बस में॥

क्या बदनसीब हूँ मैं घर को तरस रहा हूँ।
साथी तो हैं वतन में, मैं कैद में पड़ा हूँ॥
आई बहार कलियाँ फूलों की हँस रही हैं।
मैं इस अँधेरे घर में किस्मत को रो रहा हूँ॥
इस कैद का इलाही दुखड़ा किसे सुनाऊँ।
डर है यहीं कफस में मैं ग़म से मर न जाऊँ॥

जब से चमन छुटा है यह हाल हो गया है।
दिल ग़म को खा रहा है, ग़म दिल को खा रहा है॥
गाना इसे समझकर ख़ुश हों न सुनने वाले।
दुखते हुए दिलों को फ़र्याद यह सदा है॥
आज़ाद मुझको कर दे ओ कैद करने वाले।
मैं बेज़बान कैदी, तू छोड़कर दुआ ले॥

●

बच्चे की दुआ

लब[1] पे आती है दुआ बनके तमन्ना मेरी।
जिन्दगी शम्मअ् की सूरत[2] हो ख़ुदाया मेरी॥
दूर दुनिया का मेरे दम से अँधेरा हो जाए।
हर जगह मेरे चमकने से उजाला हो जाए॥
हो मेरे दम से युँही मेरे वतन की ज़ीनत।
जिस तरह फूल से होती है चमन की ज़ीनत॥

जिन्दगी हो मेरी परवाने की सूरत यारब।
इल्म[3] की शम्मअ् से हो मुझको मोहब्बत यारब॥
हो मेरा काम ग़रीबों की हिमायत करना।
दर्द-मन्दों से, ज़ईफ़ों[4] से मोहब्बत करना॥
मेरे अल्लाह! बुराई से बचाना मुझको।
नेक जो राह हो उस रह पे चलना मुझको॥

---

1. लब = होंठ। 2. सूरत = दीपक की तरह। 3. इल्म = विद्या, ज्ञान। 4. ज़ईफ़ों = दुखियों तथा बूढ़ों से।

●

फ़र्माने-ख़ुदा
(फ़रिश्तों से)

उट्ठो मेरी दुनिया के ग़रीबों को जगा दो।
काख़-ए-उमरा[1] के दरो-दीवार हिला दो॥
गरमाओ ग़ुलामों का लहू सोज़े-यक़ीं से।
कुंजश्के-फ़रोमाया[2] को शाहीं[3] से लड़ा दो॥
सुलतानी-ए-जमहूर[4] का आता है ज़माना।
जो नक़्शे-कुहन[5] तुमको नज़र आये मिटा दो॥

जिस खेत से दहक़ाँ[6] को मयस्सर नहीं रोज़ी।
उस खेत के हर ग़ोशा-ए-गंदुम को जला दो॥
मैं नाख़ुश-ओ-बेज़ार हूँ मरमर की सिलों से।
मेरे लिए मिट्टी का हरम[7] और बना दो॥

---

1. काख़-ए-उमरा = अमीरों के महल। 2. कुंजश्के-फ़रोमाया = एक छोटी चिड़िया। 3. शाहीं = बाज़ पक्षी। 4. सुलतानी-ए-जमहूर = गण-राज्य। 5. नक़्शे-कुहन = पुरातन (जीर्ण) चिह्न। 6. दहक़ाँ = किसान। 7. हरम = काबे के इर्द-गिर्द का पवित्र प्रान्त।

●

चाँद

मेरे वीराने से कोसों दूर है तेरा वतन।
है मगर दरिया-ए-दिल[1] तेरी कशिश[2] से मौजज़न[3]॥
क़स्द[4] किस महफ़िल का है? आता है किस महफ़िल से तू?
ज़र्द-रू[5] शायद हुआ रंजे-रहे-मंज़िल[6] से तू॥
आफ़रीनश[7] से सरापा नूर[8] तू, जुल्मत[9] हूँ मैं।
इस सियाह-रोज़ी[10] पे लेकिन तेरा हम-क़िस्मत[11] हूँ मैं॥
एक हल्क़े[12] पर अगर क़ायम तेरी रफ़्तार है।
मेरी गर्दिश[13] भी मिसाले-गर्दिशे-परकार[14] है॥
ज़िन्दगी की रह में सरगरदाँ[15] है तू हैराँ हूँ मैं।
तू फ़रोजा[16] महफ़िले-हस्ती में है, सोज़ाँ[17] हूँ मैं॥
मैं रहे-मंज़िल में हूँ, तू भी रहे-मंज़िल में है।
तेरी महफ़िल में जो ख़ामोशी है मेरे दिल में है॥
तू तलब-ख़ू[18] है तो मेरा भी यही दस्तूर है।
चाँदनी है नूर तेरा, इश्क़ मेरा नूर है॥
अंजुमन[19] है एक मेरी भी जहाँ रहता हूँ मैं।
बज़्म[20] में अपनी अगर यकता[21] है तू, तनहा हूँ मैं॥
मेह्‍र[22] का परतौ[23] तेरे हक़ में है बैग़ामे-अजल[24]।
मह्‍व[25] कर देता है मुझको जल्वा-ए-हुस्ने-अज़ल[26]॥

फिर भी ऐ माहे-मुबीं[27]! मैं और हूँ तू और है।
दर्द जिस पहलू में उठता हो वो पहलू और है॥
गर्चे मैं जुल्मत-सरापा[28] हूँ, सरापा नूर तू।
सैकड़ों मंज़िल है ज़ौक़े-आगही[29] से दूर तू॥
जो मेरी हस्ती का मक़सद है तुझे मालूम है।
ये चमक वो है, जबी[30] जिसे तेरी महरूम[31] है॥

---

1. दरिया-ए-दिल = हृदय-सागर। 2. कशिश = आकर्षण। 3. मौजज़न = तरंगित। 4. क़स्द = संकल्प। 5. ज़र्द-रू = पीले मुख वाला। 6. रंजे-रहे-मंज़िल = मंजिल तक पहुँचने में मार्ग की थकान के कारण। 7. आफ़रीनश = सृष्टिकाल। 8. नूर = सिर से पाँव तक तू ज्योति है। 9. जुल्मत = अन्धकार। 10. सियाह-रोज़ी = दुर्भाग्य। 11. हम-क़िस्मत = एक-सा भाग्य रखने वाला। 12. हल्क़े = चक्र। 13. गर्दिश = भाग्य-चक्र। 14. परकार = परकार (गोल चक्र खींचने वाला यन्त्र)। 15. सरगरदाँ = घूम रहा है। 16. फ़रोज़ा = ज्योतिर्मय। 17. सोज़ाँ = जल रहा। 18. तलख-ख़ू = याचक। 19. अंजुमन = सभा। 20. बज़्म = सभा। 21. यकता = अद्वितीय। 22. मेह्र = सूरज। 23. परतौ = प्रकाश। 24. पैगामे-अजल = मृत्यु-सन्देश। 25. मह्व = लीन। 26. जल्वा-ए-हुस्ने-अज़ल = अनादिकालीन सौन्दर्य की छवि। 27. माहे-मुबीं = जाज्वल्यमान चाँद। 28. जुल्मत-सरापा = सिर से पैर तक अन्धकार। 29. ज़ौक़े-आगही = ज्ञान प्राप्त करने की अभिरुचि। 30. जबी = माथा। 31. महरूम = वंचित।

●

सितारों से आगे

(ग़ज़ल)

सितारों से आगे जहाँ और भी हैं।
अभी इश्क़ के इम्तिहाँ और भी हैं॥
तिही[1] ज़िन्दगी से नहीं ये फ़ज़ायें[2]।
यहाँ सैकड़ों कारवाँ और भी हैं॥
अगर खो गया इकनशेमन[3] तो क्या ग़म?
मक़ामाते-आहो-फ़ुग़ाँ[4] और भी हैं॥
तू शाहीं[5] है, परवाज़[6] है काम तेरा।
तेरे सामने आस्माँ और भी हैं॥

इसी रोज़ो-शब[7] में उलझकर न रह जा।
कि तेरे ज़मानो-मकाँ[8] और भी हैं॥
गये दिन कि तनहा था मैं अंजुमन में।
यहाँ अब मेरे राज़दाँ[9] और भी हैं॥

---

1. तिही = खाली। 2. फ़ज़ायें = वातावरण। 3. इकनशेमन = नीड़। 4. मक़ामाते-आहो-फ़ुग़ाँ = आर्तनाद के लिए स्थान (अवसर)। 5. शाहीं = बाज़ पक्षी। 6. परवाज़ = उड़ना। 7. रोज़ो-शब = दिन-रात (संसार)। 8. ज़मानो-मकाँ = संसार। 9. राज़दाँ = भेदी।

●

तेरे इश्क की इन्तिहा चाहता हूँ

तेरे इश्क की इन्तिहा चाहता हूँ
मेरी सादगी देख क्या चाहता हूँ
सितम[1] हो कि हो वादा-ए-बेहिजाबी[2]
कोई बात सब्र-आज़मा[3] चाहता हूँ
यह जन्नत मुबारिक रहे ज़ाहिदों[4] को
कि मैं आपका सामना चाहता हूँ
कोई दमका मेहमाँ हूँ ऐ अहले-महफिल
चिराग़े-सहर[5] हूँ बुझा चाहता हूँ
भरी बज़्म में राज़ की बात कह दी
बड़ा बेअदब हूँ, सज़ा चाहता हूँ

---

1. सितम = अत्याचार। 2. वादा-ए-बेहिजाबी = पर्दा हटाने का वादा। 3. सब्र आज़मा = धैर्य को आज़माने वाली। 4. ज़ाहिदों = संयमियों। 5. चिराग़े-सहर = प्रभात-दीपक।

■

जिगर मुरादाबादी

[1890 - 9 सितम्बर 1960 ई०]

एक लफ़्ज़ मुहब्बत का अदना-सा फ़साना है
सिमटे तो दिले-आशिक़, फैले तो ज़माना है।

जिगर मुरादाबादी का नाम अली सिकन्दर था। उनका जन्म 1890 ई० की किसी गुमनाम तारीख को मुरादाबाद के एक अध्ययनशील परिवार में हुआ। जिगर के तीन काव्य-संग्रह हैं—'दाग़े-ज़िगर', 'शोलए-तूर' और 'आतशे-गुल'। जिगर को काव्य का वातावरण घर में ही मिला था। यही कारण है कि वे बचपन से ही कविताएँ करने लगे थे। उनके काव्य-लेखन पर 'दाग़' और 'असग़र' गोंडवी का गहरा प्रभाव था, हालाँकि उन्होंने प्रेम-कविताओं के लेखन में अपनी अलग ही पहचान बनायी। वे अपनी पीढ़ी के बेहद चर्चित शायरों में थे। उन्होंने शराब को अपनी तन्हाई का साथी बना लिया था जिस कारण वे बदनाम भी थे। यौवन बीतने के बाद, वे सूफ़ी हो गये थे। 9 सितम्बर, 1960 ई० को जिगर ने दुनिया छोड़ दी।

जिगर मुरादाबादी ने बचपन से ही ग़ज़ल कहना शुरू कर दिया था। इनकी ग़ज़लों में निहित तड़प और मस्ती आध्यात्मिक एवं भौतिक दोनों स्तरों पर लागू होती है। जहाँ एक ओर उन्हें 'इश्किया शायर' कहा जाता है, वहीं दूसरी ओर 'सूफ़ीयाना शायर' भी। जिगर की इश्किया शायरी तो जीवनानुभव से पैदा हुई, लेकिन सूफ़ीयाना शायरी पर उस्ताद असग़र गोंडवी का प्रभाव माना जा सकता है जिनके सम्पर्क में आने पर जिगर सूफ़ीवाद के समर्पणवादी आनन्दमय मार्ग पर चलने लगे।

उनकी अधिकांश ग़ज़लें प्रेम से वाबस्ता हैं। उनकी ग़ज़लों में प्रेम की विविध छवियाँ उद्घाटित हुई हैं। उनके यहाँ प्रेम व्यक्ति से समाज और इन्सान से ख़ुदा तक की यात्रा करता है। उनकी तमाम ग़ज़लें लोगों की जुबान पर हैं। जिगर की भाषा सीधी, सरल और प्रभावपूर्ण है।

●

जिगर की शायरी

1

इक लफ़्ज़े-मोहब्बत[1] का अदना[2] सा फ़साना है
सिमटे तो दिले-आशिक़[3], फैले तो ज़माना है
हम इश्क के मारों का इतना ही फ़साना है
रोने को नहीं कोई हँसने को ज़माना है
वो और वफ़ा-दुश्मन, मानेंगे न माना है
सब दिल की शरारत है आँखों का बहाना है
क्या हुस्न ने समझा है, क्या इश्क़ ने जाना है
हम ख़ाक-नशीनों की[4] ठोकर में ज़माना है
ऐ इश्क़े-जुनूँ-पेशा[5]! हाँ इश्क़े-जुनूँ-पेशा
आज एक सितमगर को[6] हँस-हँस के रुलाना है
यह इश्क़ नहीं आसाँ, इतना ही समझ लीजे
एक आग का दरिया है और डूब के जाना है
आँसू तो बहुत से हैं आँखों में 'जिगर' लेकिन
बिंध जाये तो मोती है रह जाये सो दाना है

1. लफ़्ज़े-मोहब्बत = प्रेम के शब्द। 2. अदना = छोटा-सा। 3. दिले-आशिक़ = प्रेमी का दिल। 4. ख़ाक-नशीनों की = मिट्टी या धरती पर रहने वालों की। 5. इश्क़े-जुनूँ-पेशा = उन्मादी प्रेम। 6. सितमगर को = अत्याचारी (प्रेयसी) को।

●

2

दिल में किसी के राह किये जा रहा हूँ मैं
कितना हसीं गुनाह किये जा रहा हूँ मैं
दुनिया-ए-दिल[1] तबाह किये जा रहा हूँ मैं
सर्फ़े-निगाहो-आह[2] किये जा रहा हूँ मैं
फ़र्दे-अ़मल[3] सियाह किये जा रहा हूँ मैं
रहमत[4] को बेपनाह किये जा रहा हूँ मैं
ऐसी भी इक निगाह किये जा रहा हूँ मैं
ज़र्रों को मेहरो-माह[5] किये जा रहा हूँ मैं
मुझसे लगे हैं इश्क़ की अ़ज़्मत को[6] चार चाँद
ख़ुद हुस्न को गवाह किये जा रहा हूँ मैं
आगे क़दम बढ़ायें जिन्हें सूझता नहीं
रौशन चिराग़े-राह[7] किये जा रहा हूँ मैं
तनक़ीदे-हुस्न[8] मस्लहते-ख़ासे-इश्क़[9] है
यह जुर्म गाह-गाह[10] किये जा रहा हूँ मैं
उठती नहीं है आँख मगर उसके रूबरू
नादीदाइ[11] इक निगाह किये जा रहा हूँ मैं
गुलशन-परस्त[12] हूँ मुझे गुल[13] ही नहीं अज़ीज़
काँटों से भी निबाह किये जा रहा हूँ मैं

---

1. दुनिया-ए-दिल = दिल की दुनिया। 2. सर्फ़े-निगाहो-आह = नज़रों और आहों के निमित्त व्यय। 3. फ़र्दे-अ़मल = कर्म-पत्र। 4. रहमत = ईश्वरीय कृपा। 5. मेहरो-माह = सूरज और चाँद। 6. अ़ज़्मत को = महानता को। 7. चिराग़े-राह = मार्ग का दीपक। 8. तनक़ीदे-हुस्न = सौन्दर्य (प्रेयसी) की आलोचना। 9. मस्लहते-ख़ासे-इश्क़ = प्रेम (प्रेमी) की विशेष सामयिक समझ। 10. गाह-गाह = कभी-कभी। 11. नादीदाइ = अनदेखी। 12. गुलशन-परस्त = वाटिका का पुजारी। 13. गुल = फूल।

●

3

इश्क़ को बेनक़ाब होना था
आप अपना जवाब होना था
तेरी आँखों का कुछ क़ुसूर नहीं
हाँ मुझी को ख़राब होना था
दिल कि जिस पर हैं नक़्शे-रंगा-रंग
उसको सादा किताब होना था
हमने नाकामियों को ढूँढ़ लिया
आख़रिश[1] कामयाब होना था

1. आख़रिश = अन्ततः ।

●

4

मोहब्बत में क्या-क्या मुक़ाम आ रहे हैं
कि मंज़िल पे हैं और चले जा रहे हैं
ये कह-कह के हम दिल को बहला रहे हैं
वो अब चल चुके हैं, वो अब आ रहे हैं
वो अज़-खुद[1] ही नादिम हुए जा रहे हैं
ख़ुदा जाने क्या-क्या ख़याल आ रहे हैं
हमारे ही दिल से मज़े उनके पूछो
वो धोके जो दानिस्ता[2] हम खा रहे हैं
जफ़ा करने वालों को क्या हो गया है
वफ़ा करके भी हम तो शरमा रहे हैं
वो आ़लम है अब यारो-अग़ियार[3] कैसे
हमीं अपने दुश्मन हुए जा रहे हैं

मिज़ाजे-गिरामी[4] की हो ख़ैर या रब
की दिन से अक्सर वो याद आ रहे हैं

---

1. अज़्-खुद = स्वयं। 2. दानिस्ता = जान-बूझकर। 3. यारो-अग़ियार = मित्र और शत्रु। 4. मिज़ाजे-गिरामी = उनके स्वास्थ्य।

●

5

क्या बतायें इश्क़ ज़ालिम क्या क़यामत ढाये है
यह समझ लो जैसे दिल सीने से निकला जाये है
जब नहीं तुम, तो तसव्वुर[1] भी तुम्हारा क्या ज़रूर
उससे भी कह दो कि यह तकलीफ़ क्यों फ़र्माये हैं
हाय वो आ़लम न पूछो इज़्तिराबे-इश्क़ का[2]
यक-ब-यक जिस वक़्त कुछ-कुछ होश-सा आ जाये है
किस तरफ़ जाऊँ? किधर देखूँ? किसे आवाज़ दूँ?
ऐ हुजूमे-नामुरादी![3] जी बहुत घबराये है

---

1. तसव्वुर = कल्पना। 2. इज़्तिराबे-इश्क़ का = इश्क़ की व्याकुलता का। 3. हुजूमे-नामुरादी = विफलताओं के समूह (भरमार)।

●

6

शायरे-फ़ितरत[1] हूँ मैं जब फ़िक्र[2] फ़र्माता हूँ मैं
रूह बन कर ज़र्रे-ज़र्रे में समा जाता हूँ मैं
आ कि तुझ बिन इस तरह ऐ दोस्त घबराता हूँ मैं
जैसे हर शै में किसी शै की कमी पाता हूँ मैं
जिस क़दर अफ़साना-ए-हस्ती को[3] दोहराता हूँ मैं
और भी बेगाना-ए-हस्ती[4] हुआ जाता हूँ मैं
जब मकानो-लामकाँ[5] सब से गुज़र जाता हूँ मैं
अल्लाह-अल्लाह तुझको ख़ुद अपनी जगह पाता हूँ मैं

हाय री मजबूरियाँ, तर्के-मोहब्बत[6] के लिए
मुझको समझाते हैं वो और उनको समझाता हूँ मैं
मेरी हिम्मत देखना, मेरी तबीअत देखना
जो सुलझ जाती है गुत्थी फिर से उलझाता हूँ मैं
हुस्न को क्या दुश्मनी है, इश्क़ को क्या बैर है
अपने ही क़दमों की ख़ुद ही ठोकरें खाता हूँ मैं
तेरी महफ़िल तेरे जलवे फिर तक़ाज़ा क्या ज़रूर
ले उठा जाता हूँ ज़ालिम, ले चला जाता हूँ मैं
वाह रे शौक़े-शहादत[7] कू-ए-क़ातिल की[8] तरफ़
गुनगुनाता, रक़्स[9] करता, झूमता जाता हूँ मैं
देखना उस इश्क़ की ये तुर्फ़ाकारी[10] देखना
वो जफ़ा करते हैं मुझ पर और शरमाता हूँ मैं
एक दिल है और तूफ़ाने-हवादिस[11] ऐ 'जिगर'
एक शीशा है कि हर पत्थर से टकराता हूँ मैं

---

1. शायरे-फ़ितरत = प्रकृति का शायर। 2. फ़िक्र = चिन्तन। 3. अफ़साना-ए-हस्ती को = जीवन की कथा को। 4. बेगाना-ए-हस्ती = जीवन से असम्बन्धित। 5. मकानो-लामकाँ = स्थान, अस्थान। 6. तर्के-मोहब्बत = प्रेम के त्याग। 7. शौक़े-शहादत = वीर-गति के शौक़। 8. कू-ए-क़ातिल की = क़ातिल (प्रेयसी) की गली की। 9. रक़्स = नृत्य। 10. तुर्फ़ाकारी = विलक्षणता। 11. तूफ़ाने-हवादिस = दुर्घटनाओं का तूफ़ान।

●

7

कुछ इस अदा से आज वो पहलूनशीं[1] रहे
जब तक हमारे पास रहे हम नहीं रहे
ईमानो-कुफ्र[2] और न दुनिया व दीं[3] रहे
ऐ इश्क़! शादबाश[4] कि तनहा हमीं रहे
या रब किसी के राज़े-मोहब्बत[5] की ख़ैर हो
दस्ते-जुनूँ[6] रहे न रहे, आस्तीं[7] रहे

जा और कोई ज़ब्त[8] की दुनिया तलाश कर
ऐ इश्क़! हम तो अब तेरे क़ाबिल नहीं रहे

मुझको नहीं क़ुबूल दो आ़लम की[9] वुसअ़तें[10]
क़िस्मत में कू-ए-यार की[11] दो गज़ ज़मीं रहे

दर्दे-ग़ने-फ़िराक़ के[12] ये सख़्त मरहले[13]
हैराँ[14] हूँ मैं कि फिर भी तुम इतने हसीं रहे

इस इश्क़ की तलाफ़ी-ए-माफ़ात[15] देखना
रोने की हसरतें हैं अब आँसू नहीं रहे

---

1. पहलूनशीं = पहलू में बैठे। 2. ईमानो-कुफ्र = धर्म-अधर्म। 3. दीं = धर्म। 4. शाद-बाश = प्रसन्न रहे। 5. राज़े-मोहब्बत = प्रेम का भेद। 6. दस्ते-जुनूँ = उन्माद का हाथ। 7. आस्तीं = आस्तीन। 8. ज़ब्त = सहन। 9. दो आ़लम की = दोनों लोकों की। 10. वुसअ़तें = विशालताएँ। 11. कू-ए-यार की = प्रेयसी की गली की। 12. दर्दे-ग़ने-फ़िराक़ के = जुदाई के ग़म की पीड़ा के। 13. मरहले = कठिनाइयाँ। 14. हैराँ = हैरान। 15. तलाफ़ी-ए-माफ़ात = समय निकल जाने के बाद की क्षतिपूर्ति।

●

8

निगाहों से छुप कर कहाँ जाइएगा
जहाँ जाइएगा हमें पाइएगा

मिटा कर हमें आप पछताइएगा
कमी कोई महसूस फ़र्माइएगा

नहीं खेल नासेह[1]! जुनूँ[2] की हक़ीक़त
समझ लीजिएगा तो समझाइएगा

कहीं चुप रही है ज़बाने-मोहब्बत[3]
न फ़र्माइएगा तो फ़र्माइएगा

---

1. नासेह = धर्मोपदेशक। 2. जुनूँ = उन्माद। 3. ज़बाने-मोहब्बत = प्रेम की जबान।

■

फ़िराक़ गोरखपुरी

[28 अगस्त 1896 - 3 मार्च 1982 ई०]

तुम मुख़ातिब भी हो, क़रीब भी हो
तुमको देखें कि तुमसे बात करें।

उर्दू के लोकप्रिय और सशक्त कवि फ़िराक़ गोरखपुरी का नाम रघुपति सहाय था। उनका जन्म 28 अगस्त 1896 ई० को गोरखपुर ज़िले के बनवारपार नामक गाँव में एक सम्पन्न संस्कारवान परिवार में हुआ था। उनके पिता का नाम मुंशी गोरखप्रसाद 'इबरत' था जो उस समय के अच्छे शायर और पेशे से वकील थे। फ़िराक़ के तीन भाई और थे। फ़िराक़ विलक्षण प्रतिभा के धनी थे। उन्होंने हर परीक्षा प्रथम श्रेणी में उत्तीर्ण की। बी०ए० में उन्हें सूबे में चौथा स्थान मिला था। उन्होंने सन् 1919 ई० में आई०सी०एस० की परीक्षा पास की लेकिन नौकरी करने से मना कर दिया। उन्होंने स्वाधीनता के लिए कार्य किया और जेल भी गये। वे नेहरूजी के अत्यन्त निकट थे और कांग्रेस के अण्डर सेक्रेटरी रहे। बी०ए० के 12 वर्ष बाद उन्होंने आगरा विश्वविद्यालय से अंग्रेजी में प्रथम श्रेणी और प्रथम स्थान के साथ एम०ए० किया। सन् 1930 ई० में विना आवेदन के इलाहाबाद विश्वविद्यालय में प्रवक्ता पद पर उनकी नियुक्ति हुई जहाँ से सन् 1958 ई० में उन्होंने अवकाश प्राप्त किया। उनका निधन मार्च 1982 ई० को हुआ।

फ़िराक़ साहब के दुःखों की शुरुआत उनके विवाह के साथ हुई। जब वह इण्टर में से उसी समय (सन् 1915 ई०) उनका विवाह किशोरी देवी से हुआ जो एक बहुत बड़े ज़मींदार की बेटी थीं। वह अपने विवाह से सन्तुष्ट नहीं थे। उन्हीं के शब्दों में—"अभी मैं एफ०ए० में ही था कि मेरे पिताजी को और मुझे धोखा देकर मेरा ब्याह करा दिया गया। यह ब्याह मेरे जीवन की एकमात्र दुःखान्त विनाशकारी घटना साबित हुई।" इस क्रम में उन्होंने आगे लिखा है कि "इस दुर्घटना (विवाह) के बाद से ही.... विषपान करते हुए और नफ़रत के अग्निकुण्ड में जलते हुए मैं अबतक जीता रहा हूँ।.... मेरे सुख ही नहीं, मेरे दुःख भी मेरे विवाह ने मुझसे छीन लिये। माता-पिता, भाइयों, बहनों, दोस्तों किसी की मौत पर मैं रो नहीं सका।" (उत्तर प्रदेश पत्रिका, मार्च 1983, पृ० 4) हुआ यह था कि फ़िराक़ को 'शबनम की तरह नाजुक और कमलिनी की भाँति सुन्दर कन्या दिखायी गयी थी.... ।' लेकिन

शादी दूसरी लड़की से करा दी गयी जिसे उन्होंने कभी पसन्द नहीं किया। इस सबके बावजूद अपने संस्कारों के कारण फ़िराक़ ने इस सम्बन्ध को यथासम्भव निभाया। उनकी चार सन्तानें हुईं। 18 वर्ष की उम्र में उनकी बड़ी बेटी की मृत्यु हो गयी। उनके बेटे गोबिन्द ने ट्रेन के आगे कूदकर आत्महत्या करने की कोशिश की जिसमें उसके दोनों पैर कट गये और दो दिन बाद मृत्यु हो गयी। वह अपने बच्चों को भी अपनत्व नहीं दे पाये। उग्रता, क्रोध और चिड़चिड़ापन उनके व्यवहार का हिस्सा बन गये थे।

रूहे कायनात, रम्जो-कयानत, ग़ज़लिस्तान, नग्मए-साज़, शेरिस्ताँ, शबनमिस्ताँ, गुले-नग़मा, रूप, धरती की करवट, गुलबाँग, बज़्मे-ज़िन्दगी-रंगे-शायरी आदि उनकी चर्चित कृतियाँ हैं। गुले-नगमा पर उन्हें साहित्य अकादमी (1962 ई०) और ज्ञानपीठ (1970 ई०) पुरस्कार मिले। उन्हें पद्‌मभूषण से भी अलंकृत किया गया था।

फ़िराक़ की शायरी के दो रूप हैं—एक प्रेम से सम्बन्धित और दूसरा समाज से सम्बन्धित। अपने एक शेर में उन्होंने कहा है—

उम्र फ़िराक़ ने यूँ ही बसर की
कुछ ग़मे जानाँ कुछ ग़ये दौराँ।

वे प्रेम और सौन्दर्य के बड़े शायर हैं और इस सन्दर्भ में उन्होंने बहुत व्यवस्थित ढंग से चिन्तन भी किया है। इस विषय में एक जगह वह कहते हैं—''इश्क एक शदीदतरीन एहसास (तीव्रतम अनुभव) का नाम है। बुनियादी तौर पर या मरकज़ी तौर पर तो इसका मख़्जन (ख़ज़ाना) या ताल्लुक़ जिन्सियात या सहवानियात (शारीरिक सम्बन्ध) में मिलेगा और यहाँ से उभरकर जज़्बात और नफ़्सियात को अपनी लपेट में लेता हुआ तमाम कोबाए इंसानी (इंसानी कुब्वतें) और तमाम शख़्सियत में यह एहसास या यह ग़ैबी तहरीक (आन्दोलन) भर जाती है और शशजिहत (छवों तरफ़) से इंसान पर छा जाती है।'' (उर्दू की इश्किया शायरी, पृ० 11) वह सौन्दर्य की अद्‌भुत और सर्वथा नवीन कल्पना करते हैं। यहाँ उनकी एक प्रसिद्ध रुबाई पेश है—

लहरों में खिला कमल नहाये जैसे
दोशीजए सुब्ह गुनगुनाये जैसे
ये रूप, ये लोच, ये तरन्नुम, ये निखार
बच्चा सोते में मुस्कराये जैसे।

मिलन के बाद का यह सौन्दर्य अपने आपमें बेजोड़ है—

शबे-विसाल के बाद आईना तो देख ऐ दोस्त
तेरे जमाल की दोशीज़गी निखर आई।

फ़िराक़ की शायरी में मिलन के सुख के बजाय विरह का दर्द, टीस, बेचैनी, तनहाई, याद, उदासी, इन्तज़ार और निराशा का भाव काफी प्रबल है। यही उनके जीवन का सच भी है। कुछ शेर देखें—

फ़ितरत मेरी इश्को-मोहब्बत, किस्मत मेरी तनहाई
कहने की नौबत ही न आई, हम भी किसी के होले हैं।
हमसे क्या हो सका मुहब्बत में
ख़ैर तुमने तो बेवफ़ाई की।
ग़रज़ कि काट दिये जिन्दगी के दिन ऐ दोस्त
वो तेरी याद में हों या तुझे भुलाने में।

फ़िराक़ की शायरी का एक बड़ा हिस्सा किसानों, मज़दूरों और सामाजिक-राजनैतिक जीवन से वाबस्ता है। उनकी गणना अपने समय के प्रगतिशील कवियों और विचारकों में होती है। वह राष्ट्रीय-अन्तर्राष्ट्रीय समस्याओं पर लगातार लिखते रहे। वह आम आदमी के दुःख-दर्द का मार्मिक चित्रण भी करते हैं और ऐसी दुनिया को बदल देने के लिए भी प्रेरित करते हैं। उन्हें जनता की शक्ति पर जबर्दस्त विश्वास है—

न अपने आप बदली है, न अपने आप बदलेगी
ये दुनिया है इसे उठकर बदल दे देखता क्या है।
तोड़ा धरती का सन्नाटा, किसने हम मजदूरों ने
डंका बजा दिया आदम का किसने हम मजदूरों ने।

उर्दू शायरी को फ़िराक़ की एक महत्त्वपूर्ण देन यह भी है कि उन्होंने उसमें हिन्दू धर्म, दर्शन और मिथकों का समावेश किया। 'हर लिया है किसी ने सीता को / ज़िन्दगी जैसे राम का वनवास।' जैसे प्रयोग उनकी शायरी को एक नया रंग देते हैं। उन्होंने कई विधाओं में स्तरीय लेखन किया है लेकिन उनकी मुख्य पहचान एक ग़ज़लकार की है। वे शायरे जमाल और शायरे इंकलाब दोनों हैं। फ़िराक़ अपने जीवन-काल में अपनी शायरी से अधिक अपने व्यवहार एवं अन्य कारणों से चर्चा में रहे। उनकी शायरी का सारांश यह है कि—'हासिलो हुस्नो-इश्क बस है यही / आदमी आदमी को पहचाने।'

●

फ़िराक़ की शायरी

1

थरथरी-सी आस्मानों में।
ज़ोर कुछ तो है नातवानों में[1]॥
इन्हीं तिनकों में देख ऐ बुलबुल!
बिजलियाँ भी हैं आशियानों में॥
कितना ख़ामोश है जहाँ लेकिन।
इक सदा आ रही है कानों में॥
हम उसी ज़िन्दगी के दर पे[2] हैं।
मौत है जिसके पासबानों में[3]॥
क़ैदियों को पयामे-क़त्ल मिला।
ज़िन्दगी-सी है क़ैदख़ानों में॥
मंज़िलें दूर से चमकती थीं।
खो गईं आके कारवानों में॥
कोई सोचे तो फ़र्क़ कितना है।
हुस्न और इश्क़ के फ़सानों में॥
एक चर्का-सा वक़्त का खाकर।
बाँकपन आ गया जवानों में॥
हमसे क्यों तू है बदगुमाँ ऐ दोस्त।
हम नहीं तेरे राज़दानों में॥
मौत के भी उड़े हैं अक्सर होश।
ज़िन्दगी के शराबख़ानों में॥
जिनकी तामीर इश्क़ करता है।
कौन रहता है उन मकानों में॥

(1939)

---

1. नातवानों में = निर्बलों में। 2. दर पे = पीछे पड़े हुए। 3. पासबानों में = रक्षकों में।

2

किसी का यूँ तो हुआ कौन उम्र-भर फिर भी।
ये हुस्नो-इश्क़ तो धोखा है सब, मगर फिर भी॥
हज़ार बार ज़माना इधर से गुज़रा है।
नई-नई-सी है कुछ तेरी रहगुज़र फिर भी॥
कहूँ ये कैसे, इधर देख या न देख इधर।
कि दर्द दर्द है फिर भी नज़र नज़र फिर भी॥
झपक रही हैं ज़मानो-मकाँ की भी आँखें।
मगर है क़ाफ़िला आमादा-ए-सफ़र[1] फिर भी॥
शबे-फ़िराक़[2] से आगे है आज मेरी नज़र।
कि कट ही जायेगी ये शामे-बेसहर[3] फिर भी॥
लुटा हुआ चमने-इश्क़[4] है, निगाहों को।
दिखा गया वही क्या-क्या गुलो-समर[5] फिर भी॥
ख़राब होके भी सोचा किये तेरे महजूर[6]।
यही कि तेरी नज़र है तेरी नज़र फिर भी॥
तेरी निगाह से बचने में उम्र गुज़री है।
उतर गया रगे-जाँ[7] में ये नश्तर फिर भी॥
फ़ना भी होके गिराँबारी-ए-ह्यात[8] न पूछ।
उठाए उठ नहीं सकता ये दर्दे-सर फिर भी॥
अगर्चे बेख़ुदी-ए-इश्क़ को ज़माना हुआ॥
'फ़िराक़' करती रही काम वो नज़र फिर भी॥

(1940)

---

1. आमादा-ए-सफ़र = सफ़र के लिए तत्पर। 2. शबे-फ़िराक़ = वियोग की रात। 3. शामे-बेसहर = ऐसी सन्ध्या या रात जिसकी सुबह न हो। 4. चमने-इश्क़ = इश्क़ की वाटिका। 5. गुलो-समर = फल-फूल। 6. महजूर = वियोग-ग्रस्त। 7. रगे-जाँ = प्राणों की नाड़ी। 8. गिराँबारी-ए-ह्यात = जीवन का बोझ।

3

ग़ैर क्या जानिये, क्यों मुझको बुरा कहते हैं।
आप कहते हैं जो ऐसा तो बजा[1] कहते हैं॥

वाक़ई[2] तेरे इस अन्दाज़ को क्या कहते हैं?
न वफ़ा कहते हैं जिसको न जफ़ा कहते हैं॥

जिन्हें शक हो वो करें और ख़ुदाओं की तलाश।
हम तो इन्सान को दुनिया का ख़ुदा कहते हैं॥

तेरी सूरत नज़र आई तेरी सूरत से अलग।
हुस्न को अलहे-नज़र[3] हुस्ननुमा[4] कहते हैं॥

शिकवा-ए-हिज्र[5] करें भी तो करें किस दिल से।
हम ख़ुद अपने को भी अपने से जुदा कहते हैं॥

तेरी रूदादे-सितम[6] का है बयाँ नामुमकिन।
फ़ायदा क्या है, मगर यूँ ही ज़रा कहते हैं॥

लोग जो कुछ भी कहें तेरी सितमकशी को[7]।
हम तो इन बातों को अच्छा न बुरा कहते हैं॥

मंज़िलें काटतीं हैं दूर की तारों-भरी रात।
जाने क्यों लोग इसे आबला-पा[8] कहते हैं॥

औरों का तजुर्बा जो कुछ हो मगर हम तो 'फ़िराक़'।
तल्ख़ी-ए-ज़ीस्त[9] को जीने का मज़ा कहते हैं॥

(1953)

---

1. बजा = ठीक। 2. वाक़ई = वास्तव में। 3. अहले-नज़र = पारखी। 4. हुस्ननुमा = सौन्दर्य का संकेतक। 5. शिकवा-ए-हिज्र = वियोग की शिकायत। 6. रूदादे-सितम = अत्याचार का वृत्तान्त। 7. सितमकशी को = अत्याचार ढाने को। 8. आबला-पा = पैर का छाला। 9. तल्ख़ी-ए-ज़ीस्त = जीवन की कटुता को।

4

सुकूते-शाम[1] मिटाओ, बहुत अँधेरा है।
सुख़न[2] की शमअ जलाओ, बहुत अँधेरा है॥

चमक उठेंगी सियाहबख़्तियाँ[3] ज़माने की।
नवः-ए-दर्द[4] सुनाओ, बहुत अँधेरा है॥

दियारे-ग़म[5] में दिले-बेक़रार छूट गया।
सँभल के ढूँढ़ने जाओ, बहुत अँधेरा है॥

ये रात वो है कि सूझे जहाँ न हाथ को हाथ।
ख़यालो दूर न जाओ, बहुत अँधेरा है॥

वो ख़ुद नहीं तो सरे-बज़्मे-ग़म[6] तो आज उसके।
तबस्सुमो[7] को बुलाओ, बहुत अँधेरा है॥

पसे-गुनाह[8] जो ठहरे थे चश्मे-आदम में[9]।
उन आँसुओं को बहाओ, बहुत अँधेरा है॥

ये ग़म की रात तो कटती नज़र नहीं आती।
इक और रात बनाओ, बहुत अँधेरा है॥

गुज़श्ता अहद की[10] यादों को फिर करो ताज़ा।
बुझे चिराग़ जलाओ, बहुत अँधेरा है॥

थी एक उलटती हुई नींद ज़िन्दगी उसकी।
'फ़िराक़' को न जगाओ, बहुत अँधेरा है॥

(1963)

---

1. सुकूते-शाम = सन्ध्या की चुप्पी। 2. सुख़न = बातचीत। 3. सियाहबख़्तियाँ = दुर्भाग्य। 4. नवः-ए-दर्द = दर्द का गीत। 5. दियारे-ग़म = ग़म की नगरी। 6. सरे-बज़्मे-ग़म = ग़म-रूपी सभा में। 7. तबस्सुमों = मुस्कानों। 8. पसे-गुनाह = पाप के पश्चात्। 9. चश्मे-आदम में = मनुष्य की आँख में। 10. गुज़श्ता अहद की = बीते दिनों की।

●

5

देखा हर एक शाख़ पे ग़ुंचों को सरनिगूँ[1]।
जब आ गई चमन में तेरे बाँकपन की बात॥

जाँबाज़ियाँ तो जी के भी मुमकिन है दोस्ती।
क्यों बार-बार करते हो दारो-रसन की[2] बात॥

बस इक ज़रा-सी बात का विस्तार हो गया।
आदम ने मान ली थी कोई अहरमन[3] की बात॥

पड़ता है शुआ[4] माह[5] पे उसकी निगाह का।
कुछ जैसे कट रही हो किरन-से-किरन की बात॥

ख़ुशबू चहार सम्त[6] उसी गुफ़्तगू की है।
ज़ुल्फ़ों से आज खूब हुई है पवन की बात॥

(1965)

---

1. सरनिगूँ = सिर झुकाये हुए। 2. दारो-रसन की = सूली के तख़्ते और फन्दे की। 3. अहरमन = शैतान। 4. शुआ = किरण, प्रतिबिम्ब। 5. माह = चाँद। 6. सम्त = चारों ओर।

●

आधी रात को

(1)

सियाह पेड़ हैं अब आप अपनी परछाईं
ज़मीं से ता[1] महो-अंजुम[2] सुकूत[3] के मीनार
जिधर निगाह करें इक अथाह गुमशुदगी[4]
एक-एक करके अफ़सुर्दा[5] चिराग़ों की पलकें

---

1. ता = तक। 2. महो-अंजुम = चाँद-सितारों (तक)। 3. सुकूत = निस्तब्धता। 4. गुमशुदगी = खोया हुआ। 5. अफ़सुर्दा = मलीन।

झपक गईं—जो खुली हैं झपकने वाली हैं
झपक रहा है 'पुरा' चाँदनी के दर्पन में
रसीले कैफ़[1] भरे मंज़रों का जागता ख़्वाब
फ़लक पे तारों को पहली जमाहियाँ आईं

(2)

तमोलियों की दुकानें कहीं-कहीं हैं खुली
कुछ ऊँघती हुई बढ़ती हैं शाहराहों पर
सवारियों के बड़े घुँघरुओं की झंकारें
खड़ा है ओस में चुपचाप हरसिंगार का पेड़
दुल्हन हो जैसे हया की सुगन्ध से बोझल
ये मौजे-नूर[2], ये भरपूर ये खिली हुई रात
कि जैसे खिलता चला जाए इक सफ़ेद कँवल
सिपाहे-रूस हैं अब कितनी दूर बर्लिन से?
—जगा रहा है कोई आधी रात का जादू—
छलक रही है खुमे-ग़ैब से[3] शराबे-वुजूद[4]
फ़ज़ा-ए-नीमशबी[5] नर्गिसे-ख़ुमार-आलूद[6]
कँवल की चुटकियों में बन्द है नदी का सुहाग

(3)

ये रस की सेज, ये सुकुमार, ये सुकोमल गात
नैन कमल की झपक, कामरूप का जादू
ये रसमसाई पलक की घनी-घनी परछाईं
फ़लक पे[7] बिखरे हुए चाँद और सितारों की
चमकती उँगलियों से छिड़के राज़ फ़ितरत के[8]
तराने जागने वाले हैं, तुम भी जाग उट्ठो

1. कैफ़ = आनन्द। 2. मौजे-नूर = प्रकाश की लहर। 3. खुमे-ग़ैब से = अदृश्यलोक की सुराही से। 4. शराबे-वुजूद = अस्तित्व की मदिरा। 5. फ़ज़ा-ए-नीमशबी = आधी रात का वातावरण। 6. नर्गिसे-ख़ुमार-आलूद = मदोन्मत्त नर्गिस (फूल)। 7. फ़लक पे = आकाश पर। 8. फ़ितरत के = प्रकृति के।

(4)

शुआए-मेहर[1] ने यूँ उनको चूम-चूम लिया
नदी के बीच कुमुदिनी के फूल खिल उट्ठे
न मुफ़लिसी हो, तो कितनी हसीन है दुनिया
ये झायँ-झायँ-सी रह-रह के एक झींगुर की
हिना की टट्टियों में नर्म सरसराहट-सी
फ़ज़ा के सीने में ख़ामोश सनसनाहट-सी
लटों में रात की देवी की थरथराहट-सी
ये कायनात अब इक नींद ले चुकी होगी!

(5)

ये मह्वे-ख़्वाब[2] हैं रंगीन मछलियाँ तहे-आब[3]
कि हौज़े-सहन में[4] अब इनकी चश्मकें[5] भी नहीं
ये सरनिगूँ हैं[6] सरे-शाख़[7] फूल 'गुड़हल' के
कि जैसे बेबुझे अंगारे ठंडे पड़ जायें
ये चाँदनी है कि उमड़ा हुआ है रस-सागर
इक आदमी है कि इतना दुखी है दुनिया में

(6)

क़रीब चाँद के मँडला रही है इक चिड़िया
भँवर में नूर के[8] करवट से जैसे नाव चले
कि जैसे सीना-ए-शायर में[9] कोई ख़्वाब पले
वो ख़्वाब साँचे में जिसके नई हयात ढले
वो ख़्वाब जिससे पुराना निज़ामे-ग़म बदले
कहाँ से आती है मदमालती लता की लपट

---

1. शुमाए-मेहर = सूरज की किरन। 2. मह्वे-ख़्वाब = स्वप्नमग्न। 3. तहे-आब = पानी की तह में। 4. हौज़े-सहन में = आँगन के तालाब में। 5. चश्मकें = चुहलबाज़ियाँ। 6. सरनिगूँ हैं = सिर झुकाये हुए। 7. सरे-शाख़ = शाख़ा पर। 8. नूर के = प्रकाश के। 9. सीना-ए-शायर में = कवि के हृदय में।

कि जैसे सैकड़ों बन-देवियों ने झूले पर
अदा-ए-ख़ास से एकसाथ बाल खोल दिये
लगे हैं कान सितारों के जिसकी आहट पर
उस इन्क़िलाब की कोई ख़बर नहीं आती
दिले-नुजूम[1] धड़कते हैं, कान बजते हैं

(7)

ये साँस लेती हुई कायनात, ये शबे-माह
ये पुरसुकून[2], ये पुर-असरार[3], ये उदास समाँ
ये नर्म-नर्म हवाओं के नीलगूँ[4] झोंके
फ़ज़ा की ओट में मुर्दों की गुनगुनाहट है
ये रात मौत की बेरंग मुस्कराहट है
धुआँ-धुआँ-से मनाज़िर[5] तमाम नमदीदा[6]
ख़ुनुक[7] धुँदलके की आँखें भी नीम-ख़्वाबीदा[8]
सितारे हैं कि जहाँ पर है आँसुओं का कफ़न
हयात[9] पर्दा-ए-शब में[10] में बदलती है पहलू
कुछ और जाग उठा आधी रात का जादू
ज़माना कितना लड़ाई को रह गया होगा?
मेरे ख़याल से अब एक बज रहा होगा!

(8)

गुलों ने चादरे शबनम में मुँह लपेट लिया
लबों पे सो गई कलियों की मुस्कराहट भी
ज़रा भी सुंबले-तर की लटें नहीं हिलतीं
सुकूते-नीमशबी की हदें नहीं मिलतीं
अब इन्क़िलाब में शायद ज़ियादा देर नहीं
गुज़र रहे हैं कई कारवाँ धुँदलके में

---

1. दिले-नुजूम = सितारों के हृदय। 2. पुरसुकून = शान्त। 3. पुर-असरार = रहस्यमय। 4. नीलगूँ = नीलिमामय। 5. मनाज़िर = दृश्य। 6. नमदीदा = सजल नेत्र। 7. ख़ुनुक = शीतल। 8. नीम-ख़्वाबीदा = अर्ध-निद्रित। 9. हयात = जीवन। 10. पर्दा-ए-शब में = रात के पर्दे में।

सुकूते-नीमशबी है उन्हीं के पाँव की चाप
कुछ और जाग उठा आधी रात का जादू

(9)

नई ज़मीन, नया आस्माँ, नई दुनिया
नये सितारे, नई गर्दिशें, नये दिन-रात
ज़मी से ता-अब-फ़लक इन्तिज़ार का आलम
फ़ज़ा-ए-ज़र्द में, धुँदले गुबार का आलम
हयाते-मौतनुमा[1], इन्तशार[2] का आलम
है मौजे-दूद[3] कि धुँदली फ़ज़ा की नब्ज़ें हैं
तमाम ख़स्तगी-ओ-माँदगी[4], ये दौरे-हयात[5]
थके-थके से ये तारे थकी-थकी-सी ये रात
ये सर्द-सर्द ये बेजान फीकी-फीकी चमक
निज़ामे-सानिया[6] की मौत का पसीना है
ख़ुद अपने-आप में ये कायनात डूब गई
ख़ुद अपनी कोख से फिर जगमगा के उभरेगी
बदल के केंचुली जिस तरह नाग लहराये

(10)

ख़ुनक फ़ज़ाओं में रक्साँ हैं चाँद की किरनें
कि आबगीनों पे पड़ती है नर्म-नर्म फुआर—
ये मौजे-ग़फ़लते-मासूम, ये ख़ुमारे-बदन
ये साँस नींद में डूबी, ये आँख मदमाती
अब आओ, मेरे कलेजे से लग के सो जाओ
ये पलकें बन्द करो और मुझ में खो जाओ

(जून 1944)

---

1. हयाते-मौतनुमा = मृत्यु-रूपी जीवन। 2. इन्तशार = अस्त-व्यस्तता। 3. मौजे-दूद = धुएँ की लहर। 4. ख़स्तगी-ओ-माँदगी = जर्जरता और थकान। 5. दौरे-हयात = जीवन का युग। 6. निज़ामे-सानिया = तीसरी जीवन-व्यवस्था (साम्यवाद)।

■

मख़दूम मोहिउद्दीन

[1907 - 1979]

आप की याद आती रही रात भर
चश्मे नम मुस्कराती रही रात भर।

प्रेम और क्रान्ति के मशहूर शायर मख़दूम मुहिउद्दीन का जन्म 4 फरवरी सन् 1907 ई० में हैदराबाद में हुआ था। उन्होंने उस्मानिया यूनिवर्सिटी में शिक्षा प्राप्त करने के पश्चात् कुछ दिन एक कॉलेज में अध्यापन किया। अपने प्रगतिशील विचारों के कारण वे कम्युनिस्ट पार्टी से जुड़े और पार्टी का काम करने के लिए उन्होंने नौकरी छोड़ दी। उन्होंने एक क्रान्तिकारी कवि, विचारक और जुझारू नेता के रूप में कार्य किया। शुरू में उन्होंने काव्य और गद्य दोनों विधाओं में लेखन-कार्य किया किन्तु आगे चलकर वह पूरी तरह कविता में ही रम गये। उनकी रचनाओं में विचार और कला का सुन्दर सामंजस्य मिलता है। उनकी कविताओं के कई संग्रह प्रकाशित हैं। सुर्ख सबेरा (1944 ई०), गुल-ए-तर (1961 ई०), बिसात-ए-रक्स (1966 ई०) आदि उनके प्रसिद्ध संग्रह हैं। उनकी कविता का स्वभाव फ़ैज़ से बहुत हद तक मेल खाता है। नर्मो-नाजुक लहजे में अंगारे बरसाना उनकी शायरी का सहज स्वभाव है। उनका निधन सन् 1979 ई० में हुआ।

मख़दूम का रचना-संसार बहुआयामी है। वे आग और राग दोनों को साधने में सिद्धहस्त हैं। प्रसिद्ध साहित्यकार ख़्वाजा अहमद अब्बास ने उनके विषय में बहुत ठीक लिखा है कि—''मख़दूम एक धधकती ज्वाला थे और ओस की बूँदें भी, वे क्रान्ति का आवाहन थे और पायल की झंकार भी। वे ज्ञान थे, वे प्रज्ञा थे, वे क्रान्तिकारी छापामार की बन्दूक थे और संगीतकार का सितार भी। वे बारूद की गन्ध थे और चमेली की महक भी।'' उनकी विशेषता यह है कि जब वह प्रेम की शायरी लिखते हैं तो एकदम प्रेममय होकर—

आपका साथ, साथ फूलों का
आपकी बात, बात फूलों की।
फूल के हार, फूल के गजरे
शाम फूलों की रात फूलों की।

और जब वह देश की दशा और साम्राज्यवादी लूट देखते हैं, किसानों-मजदूरों और बहुसंख्यक अवाम की बिलबिलाती हुई ज़िन्दगी देखते हैं तो उनकी क़लम से चिनारियाँ छिटकने लगती हैं—

अर्श की आड़ में इंसान बहुत खेल चुका
ख़ूने इंसान से हैवान बहुत खेल चुका
मोर-ए-बेजाँ (बेजान चींटी) से सुलेमान बहुत खेल चुका।
वक्त है आओ दो आलम की दिग्गगूँ (बदल देना) कर दें
कल्बे गेती में तबाही के शरारे भर दें।

जंगे आज़ादी, हवेली, वली, इकबाल, मौत का गीत, धुआँ, मशरिक, जंग, सागर के किनारे, तेलंगन, बाग़ी, सजदा, चुप न रहो आदि उनकी प्रसिद्ध नज़्में हैं।

●

मख़दूम की शायरी

1

आप की याद आती रही रात भर
चश्मे नम मुस्कुराती रही रात भर
रात भर दर्द की शम्मा जलती रही
ग़म की लौ थरथराती रही रात भर।
बाँसुरी की सुरीली सुहानी सदा
याद बन बन के आती रही रात भर।
याद के चाँद दिल में उतरते रहे
चाँदनी जगमगाती रही रात भर।
कोई दीवाना गलियों में फिरता रहा
कोई आवाज़ आती रही रात भर।

●

2

फिर छिड़ी रात बात फूलों की
रात है या बरात फूलों की
फूल के हार, फूल के गजरे
शाम फूलों की, रात फूलों की
आपका साथ, साथ फूलों का
आपकी बात, बात फूलों की
नज़रें मिलती हैं जाम मिलते हैं
मिल रही है हयात फूलों की

कौन देता है जान फूलों पर
कौन करता है बात फूलों की
वो शराफ़त तो दिल के साथ गई
लुट गई कायनात फूलों की
अब किसे है दमाग़े तोहमते इश्क़
कौन सुनता है बात फूलों की
मेरे दिल में सुरूर-ए सुबह बहार
तेरी आँखों में रात फूलों की
फूल खिलते रहेंगे दुनिया में
रोज़ निकलेगी बात फूलों की
ये महकती हुई ग़ज़ल 'मख़दूम'
जैसे सहरा में रात फूलों की।

●

जंगे आज़ादी

ये जंग है जंगे आज़ादी
आज़ादी के परचम के तले।
हम हिन्द के रहने वाले की महकूमों[1] की मजबूरों की
आज़ादी के मतवालों की दहक़ानों[2] की मज़दूरों की
ये जंग है जंगे आज़ादी
आज़ादी के परचम के तले।

सारा संसार हमारा है पूरब पच्छिम उत्तर दक्कन
हम अफरंगी हम अमरीकी हम चीनी जाँबाज़ाने वतन
हम सुर्ख़ सिपाही जुल्म शिकन[3] आहनपैकर[4] फौलादबदन[5]।
ये जंग है जंगे आज़ादी
आज़ादी के परचम के तले।

वो जंग ही क्या हो अमन ही क्या दुश्मन जिसमें ताराज न हो
वो दुनिया दुनिया क्या होगी जिस दुनिया में स्वराज न हो
वो आज़ादी आज़ादी क्या मज़दूर का जिसमें राज न हो।
ये जंग है जंगे आज़ादी
आज़ादी के परचम के तले।
लो सुर्ख़ सवेरा आता है आज़ादी का आज़ादी का
गुलनार तराना गाता है आज़ादी का आज़ादी का
देखो परचम लहराता है आज़ादी का आज़ादी का।
ये जंग हे जंगे आज़ादी
आज़ादी के परचम के तले।

1.महकूमों = दासों। 2. दहक़ानों = किसानों। 3. जुल्म शिकन = जुल्मों के खिलाफ लड़ने वाले। 4. आहनपैकर = लोहे के शरीर वाले। 5. फौलादबदन = इस्पाती शरीर वाले।

●

मौत का गीत

अर्श[1] की आड़ में इन्सान बहुत खेल चुका
खूने इन्सान से हैवान बहुत खेल चुका
मोर-ए बेजाँ[2] से सुलेमान[3] बहुत खेल चुका।
वक़्त है आओ दो आलम[4] की दिगरगूँ कर दें[5]
क़ल्बे गेती[6] में तबाही के शरारे भर दें।
जुल्मते कुफ्र[7] को ईमान नहीं कहते हैं
सगे खूँखार को इन्सान नहीं कहते हैं
दुश्मने जाँ को निगहेबान[8] नहीं कहते हैं
जाग उठने को है अब खूँ का तलातम[9] देखो
मुल्क मलक-उ-ल मौत[10] के चेहरे का तबस्सुम देखो
जान लो क़हर का सैलाब किसे कहते हैं,
नागहाँ मौत[11] का गिरदाब[12] किसे कहते हैं
क़ब्र के पहलुओं की दाब[13] किसे कहते हैं

दौर-ए नाशाद[14] को अब शाद[15] किया जायेगा
रूह-ए-इन्सान को आज़ाद किया जायेगा।

नाला-एबेअस्त्र[16] अल्लाह के बन्दों के लिए
सिल-ए[17] दार ओ रसन[18] हक़ के रसूलों के लिए
क़स्त्रे[19] शद्दाद[20] के दर बन्द हैं भूकों के लिए।

फूँक दो क़स्त्र को गरकुन का तमाशा है यहीं[21]
ज़िन्दगी छीन लो दुनिया से जो दुनिया है यही।

ज़लज़लाँ आओ दहकते हुए लावो आओ
बिजलियों आओ गरजदार घटनाओं आओ
आँधियों आओ जहन्नुम की हवाओं आओ।

आओ ये कुर्र-ए नापाक[22] भसम कर डाले
कास-ए दहर[23] को मामूरे करमकर[24] डालें।

---

1. अर्श = आसमान। 2. मोर-ए बेजाँ = बेजान चींटी। 3. सुलेमान = एक बादशाह। 4. आलम = दो संसार। 5. दिगरगूँ कर दें = बदल देना। 6. क़ल्बे गेती = संसार का दिल। 7. जुल्मते कुफ्र = अन्यायी अँधेरा। 8. निगहेबान = रक्षक। 9. तलातम = बाढ़। 10. मलक-उ-ल मौत = यमदूत। 11. नागहाँ मौत = अचानक मृत्यु। 12. गिरदाब = भँवर। 13. दाब = शान। 14. नाशाद = अप्रसन्न। 15. शाद = प्रसन्न। 16. नाला-एबेअस्त्र = आर्तनाद प्रभावहीन है। 17. सिल-ए = उपहारस्वरूप। 18. रसन = फाँसी। 19. क़स्त्रे = महल। 20. शद्दाद = एक अत्याचारी राजा। 21. यहीं = अगर भगवान् ने दुनिया को इसीलिए बनाया है। 22. कुर्र-ए नापाक = अपवित्र सृष्टि। 23. कास-ए दहर = जमानेरूपी प्याला। 24. करमकर = दया और कृपा से परिपूर्ण।

●

शायर

कुछ क़ौसे क़ज़ह[1] से रंगत ली कुछ नूर चुराया तारों से
बिजली से तड़प को माँग लिया कुछ कैफ़[2] उड़ाया बहारों से
फूलों से महक शाखों से लचक और मँडवों से ठंडा साया
जंगल की कँवारी कलियों ने दे डाला अपना सरमाया।

बदमस्त जवानी से छीनीं कुछ बेफिक्री, कुछ अल्हड़पन
फिर हुस्ने जुनूँ[3] परवर ने दी आशफ़्तासरी[4] दिल की धड़कन।
बिखरी हुई रंगीं किरनों को आँखों से चुन कर लाता हूँ
फ़ितरत के परेशाँ नग़मों से इक अपना गीत बनाता हूँ।
फ़िरदौसे ख़याली[5] में बैठा इक बुत को तराशा करता हूँ
फिर अपने दिल की धड़कन को पत्थर के दिल में भरता हूँ।

---

1. क़ौसे क़ज़ह = इन्द्रधनुष। 2. कैफ़ = आनन्द। 3. हुस्ने जुनूँ = सौन्दर्य का उन्माद। 4. आशफ़्तासरी = पागलपन। 5. फ़िरदौसे ख़याली = स्वर्ग की कल्पना।

■

वामिक़ जौनपुरी

[23 अक्टूबर 1909 – 21 नवम्बर 1998]

जहाँ चोट खाना, वहीं मुस्कराना,
मगर इस अदा से, कि रो दे ज़माना।

उर्दू की प्रगतिशील कविता के तेजस्वी शायर वामिक़ जौनपुरी का जन्म सिराजे-हिन्द जौनपुर के कजगाँव में 23 अक्टूबर 1909 को एक ज़मींदार परिवार में हुआ था। उन्होंने लखनऊ विश्वविद्यालय से बी०ए० और एल०एल०बी० की उपाधि प्राप्त की थी। वकालत के दौरान ही 1940 ई० के आसपास उन्होंने शायरी की शुरुआत की। उन्होंने सप्लाई ऑफिसर की नौकरी की किन्तु कुछ दिनों बाद त्याग-पत्र देकर प्रगतिशील आन्दोलन से पूरी तरह जुड़ गये। फिर डॉ० जाकिर हुसैन के बुलाने पर उन्होंने 1955 से 1963 ई० तक अलीगढ़ विश्वविद्यालय में ऑफिस सुपरिंटेण्डेण्ट के रूप में कार्य किया। 1963 से 1969 ई० उन्होंने रिजनल इंजिनियरिंग, कॉलेज श्रीनगर में रजिस्ट्रार के पद पर कार्य किया। अपने आख़िरी दिनों में वे अपने गाँव के हवेलीनुमा मकान में जो अब भी लाल कोठी के नाम से प्रसिद्ध है, वह अकेले रहते थे। उनके रहन-सहन और पहनावे में उनकी सुरुचि सम्पन्नता झलकती थी। अपने सुयोग्य बेटों के आग्रह पर भी अपने स्वाभिमानी स्वभाव के कारण उन्होंने उनके साथ रहना पसन्द नहीं किया। वे कहते थे कि यह मेरा घर है और इसमें मैं जैसे चाहूँ रह सकता हूँ। अपने घर के एक हिस्से में उन्होंने एक ग़रीब मुस्लिम परिवार को रख लिया था जो उनकी देख-रेख करते थे। फूलों, वनस्पतियों और जीव-जन्तुओं से उन्हें बेहद लगाव था। उनके बगीचे में अनेक दुर्लभ प्रजाति के फूल और वनस्पतियाँ थीं। वह जहाँ बैठते थे वहाँ एक खूँटी पर एक साँप की केंचुल टँगी थी जिसके बारे में वह मिलने वालों को बड़ी रुचि से बताया करते थे। यह भी बताते थे कि वह साँप यहीं कहीं होगा।

उर्दू अदब में वामिक़ की पहचान उनकी नज़्मों और ग़ज़लों के कारण है। बंगाल के अकाल के समय उन्होंने सन् 1943 ई० में बंगाल की यात्रा की थी और वहाँ उन्होंने अकाल के जो भयावह और रोंगटे खड़े कर देने वाले दृश्य देखे उससे वह दहल गये और उसकी मार्मिक प्रतिक्रिया 'भूखा बंगाल' नामक प्रसिद्ध नज़्म में हुई। उन्होंने देखा कि—'अत्ती-पत्ती चबा-चबाकर जूझ रहा है देश।' इस भयावह

दशा का कारण उन्होंने अकाल के साथ ही जमाखोर व्यापारियों को भी माना। इसीलिए उन्होंने धन्नासेठों और अंग्रेजों से किसी तरह की याचना करने के बजाय जनता की ताकत पर विश्वास करते हुए लिखा कि—'प्यारी माता चिन्ता जिन कर हम हैं आने वाले, कुन्दन रस खेतों से तेरी गोद बसाने वाले। खून-पसीना हल हँसिया से दूर करेंगे काल।' इस कविता में लोकप्रियता के साथ ही कलात्मक उत्कृष्टता का खूबसूरत संयोग है। इप्टा ने इसे गाकर बंगाल के अकाल-पीड़ितों के लिए चन्दा इकट्ठा किया था। उस टीम में क़ैफ़ी आज़मी भी शामिल थे।

वामिक़ को जनता से बेहद लगाव था। और जनशक्ति पर अटूट विश्वास। उन्हें पता था कि साहित्य को ताकत और जीवन-रस मेहनतकश जनता से ही मिलता है। इसलिए वह कहते हैं कि—

तुम्हारे रसिया की नग़मगी ने हमारे गीतों में रस निचोड़ा
तुम्हारे जाँतों की घरघराहट ने हर सबेरे हमें झिंझोड़ा....
तुम्हारे हल-बैल ने हमारे क़लम को शाइस्तगी अदा की

उन्होंने साम्राज्यवाद, युद्ध के विरोध और अवाम की एकता को विषय बनाकर अनेक अविस्मरणीय कविताएँ लिखीं। मीना बाज़ार, बुढ़वा मंगल, फ़न, आँखें, सहर होने तक, फ़ाख़्ता, अवाम और फ़नकार, सफ़रे-नातमाम, जवाब दो, गोहार, आल्हा आदि उनकी प्रसिद्ध कविताएँ हैं।

●

वामिक़ जौनपुरी की शायरी

भूखा बंगाल

पूरब देश में डुग्गी बाजी फैला सुख का काल
दुख की अगनी कौन बुझाये सूख गये सब ताल
जिन हाथों ने मोती रोले आज वहीं कंगाल रे साथी
आज वही कंगाल
भूखा है बंगाल रे साथी भूखा है बंगाल
पीठ से अपने पेट लगाये लाखों उलटे खाट
भीक-मँगाई से थक-थक कर उतरे मौत के घाट
जीअन मरन के डाँडे मिलाये बैठे हैं चण्डाल रे साथी
बैठे हैं चण्डाल
भूखा है बंगाल रे साथी भूखा है बंगाल
नद्दी नाले गली डगर पर लाशों के अम्बार
जान की ऐसी मँहगी शै का उलट गया ब्योपार
मुट्ठी भर चावल से बढ़ कर सस्ता है ये माल रे साथी
सस्ता है ये माल
भूखा है बंगाल रे साथी भूखा है बंगाल
कोठरियों में गाँजे बैठे बनिये सारा नाज
सुन्दर नारी भूख की मारी बेचे घर-घर लाज
चौपट नगरी कौन सम्हाले चार तरफ़ भूचाल रे साथी
चार तरफ़ भूचाल
भूखा है बंगाल रे साथी भूखा है बंगाल
पुरखों ने घर बार लुटाया छोड़ के सब का साथ
माएँ रोईं बिलख-बिलख कर बच्चे भये अनाथ
सदा सुहागिन विधवा बाजे खोले सर के बाल रे साथी

खोले सर के बाल
भूखा है बंगाल रे साथी भूखा है बंगाल
अत्ती-पत्ती चबा-अबा कर जूझ रहा है देस
मौत ने कितने घूँघट मारे बदले सौ-सौ भेस
काल-विकट फैलाय रहा है बीमारी का जाल रे साथी
बीमारी का जाल
भूखा है बंगाल रे साथी भूखा है बंगाल
धरती माता की छाती में चोट लगी है कारी[1]
माया काली के फ़न्दे में वक़्त पड़ा है भारी
अब से उठ जा नींद से माते देख तो जग का हाल रे साथी
देख तो जग का हाल
भूखा है बंगाल रे साथी भूखा है बंगाल
प्यारी माता चिन्ता जिन[2] कर हम हैं आने वाले
कुन्दन रस खेतों से तेरी गोद बसाने वाले
खून-पसीना हल-हँसिया से दूर करेंगे काल रे साथी
दूर करेंगे काल
भूखा है बंगाल रे साथी भूखा है बंगाल

1. कारी = गहरी। 2. जिन = मत।

अवाम और फ़नकार

तुम्हीं ने 'नज़रुल' 'निराला' 'मख़दूम' जैसों को अपना ग़म दिया है
तुम्हीं ने दानिशवरों को अपना शऊर का जामे-जम[1] दिया है
तुम्हीं ने अपने सहाफ़ियों[2] को बला का ज़ोरे-क़लम दिया है
तुम्हीं ने अपनी हसीन तहज़ीब को लचकता क़दम दिया है।

जहाँ कहीं तुम हटे हो पीछे कोई भी वो मारका[3] नहीं है
बहादुरी में तुम्हारा सानी कोई भी पैदा हुआ नहीं है

तुम्हीं ने मेरठ छावनी से बग़ावतों का लगाया नारा
तुम्हीं ने जिलियान वालाँ जैसे मकतलों से हमें पुकारा
तुम्हीं ने आज़ाद और भगत जैसे सूरमाओं का रूप धारा
तुम्हीं ने रूए वतन को अपने लहू के गालों से निखारा

तुम्हारी तुकबन्दियों का क्या मज़ाक कोई उड़ा सकेगा
तुम्हारी तर्ज़े-अदा पे कोई अब उँगलियाँ क्या उठा सकेगा
तुम्हारे झूलों की लम्बी पेंगों से हमने फ़न का जमूद[4] तोड़ा
तुम्हारे मेलों से हमने रिश्ता अज़ीम शेरो-सुखन का जोड़ा
तुम्हारे रसिया की नग़मगी ने हमारे गीतों में रस निचोड़ा
तुम्हारे जाँतों की घड़घड़ाहट ने हर सबेरे हमें झिझोड़ा
तुम्हारे सोहर के मोतियों से बुने हैं ग़ज़लों के जाल हमने
तुहारे बोलों से कमालियों[5] के किया है कस्बे-कमाल[6] हमने
तुम्हारे पनघट की गागरों की खनक हमारे कलाम में है
तुम्हारे मासूम वलवलों की झलक तखय्युल[7] के जाम में है

वो सोंधी सोंधी सुराहियों की महक हमारे मसाम[8] में हैं
तुम्हारे पीतल के बरतनों की चमक हमारे हुसाम[9] में है
तुम्हारी जानिब बढ़ेंगे जो हाथ उनको अब हम तराश देंगे
अबद-तलक जो न मुन्दमिल[10] होगी रूह पर वो खराश देंगे
तुम्हारे त्योहार की उमंगों ने फ़न को नौरस्तगी[11] अदा की
तुम्हारे खलिहान ने हमारे शऊर को पुख़्तगी अदा की
तुम्हारे हल बैल ने हमारी कलम को शाइस्तगी अदा की
तुम्हारी मुरवत ने हमको फ़िक्रो-नज़र की बरजस्तगी[12] अदा की

तुम्हारी ही हड्डियों पे कायम तमाम कस्ने-इज़ारादारी[13]
तुम्हारी हक़तल्फ़ियों[14] ने बढ़ कर बना दिया है तुम्हें भिकारी
तुम्हारे ही खूँ से कारखानों की आज हर नब्ज़ चल रही है
तुम्हारा ही वो पसीना है जिससे शीश महलों में रोशनी है
तुम्हारे ही वे खेत हैं कि जिन पर तुम्हारे ही कब्ज़े की कमी है
हज़ारों हैं फ़र्ज़ तुम पर लेकिन तुम्हारा हक़ सिर्फ जाँ बनी है

मगर तुम्हारा ये हाल तुमको अभी तलक क्यों जगा न पाया
सुराहे-मंज़िल[15] है जो तुम्हारा वो दीप क्यों जगमगा न पाया
तुम्हारे चारों तरफ़ लुटेरों ने जाल ऐसा बुन रक्खा है
उलझ-उलझ कर तुम रह गये हो जिसमें तुम्हारा दम घुट रहा है
बहुत से वादों के झुनझुनों से तुमको दिलासा दिया गया है
तुम्हारी ही मिल्कियत की लाशों पर फ़ाइलों का कफ़न पड़ा है
थपक-थपक कर तुम्हें सुलाने की पूरी तदबीर हो रही है
न जिसके बाहर निकल सको वो फ़सील तामीर हो रही है

मगर हमें तुम पे है भरोसा तुम एक न एक दिन जरूर उठोगे
निज़ामे-दारो-रसन को ढाने मिसाले-शोरे-नुशूर[16] उठोगे
तुम अपने हक के लिए जब उठोगे बा-वकारो-ग़यूर[17] उठोगे
वतन में हर ग़ोशे में उठोगे करीब और दूर-दूर उठोगे
हिमायते-इन्क़लाब में वो शऊर अहले-कदम उठेंगे
कलम उठेंगे क़दम उठेंगे सितमज़दा अहले-ग़म उठेंगे

---

1. जामे-जम = ईरानी शासक का शराब का बहुप्रसिद्ध प्याला। 2. सहाफ़ियों = पत्रकार। 3. मारका = निशान। 4. जमूद = ...। 5. कमालियों = ...। 6. कस्बे-कमाल = कमाल हासिल करना। 7. तखय्युल = खयाल। 8. मसाम = छेद। 9. हुसाम = तलवार। 10. मुन्दमिल = ज़ख्म का भर जाना। 11. नौरस्तगी = नयी राह। 12. बरजस्तगी = ताज़गी। 13. कस्रे-इज़ारादारी = एकाधिकार के महल। 14. हक़तल्फ़ियों = ...। 15. सुराहे-मंजिल = मंज़िल का निष्कर्ष। 16. मिसाले-शोरे-नुशूर = कयामत के शोर की तरह। 17. बा-वकारो-ग़यूर = सम्मान और स्वाभिमान सहित।

●

ग़ज़लें

1

मेरी खामोशी पे बरहम[1] न हो मुझसे ऐ दोस्त
चलने वाले ही तो दम लेते हैं चलने के लिए
पी लिया करते हैं जीने की तमन्ना में कभी
डगमगाना भी ज़रूरी है सम्हलने के लिए

2

कभी किताब कभी इन्क़लाब लाये हैं
बदल बदल के सुबू[2] हम शराब लाये हैं
इन्हें सलाम करो इनका एहतराम[3] करो
फलक से तोड़ के जो माहताब[4] लाये हैं

3

तुझसे मिल कर दिल में रह जाती है अरमानों की बात
याद रहती है किसे साहिल पे तूफ़ानों की बात
वो तो कहिए आज भी जंजीर में झंकार है
वर्ना किसको याद रह जाती है दीवानों की बात
हमनशीं उसके लबो-रुखसार[5] हों या सैरे-गुल[6]
तज़किरा[7] कोई भी हो निकलेगी मैख़ानों की बात
बज़्मे-अंजुम[8] हो कि बज़्मे-खाक[9] या बज़्मे-खयाल
जिस जगह जाओ सुनायी देगी इन्सानों की बात
इब्ने-आदम[10] खोशा-ए-गन्दुम[11] पे है मायल-बजंग[12]
ये न है मस्जिद का किस्सा और न बुतखानों की बात
फूल से भी नर्मतर वामिक़ कभी अपना कलाम
और कभी तलवार हम आशुफ़्ता[13] सामानों की बात

---

1. बरहम = नाराज़। 2. सुबू = सुराही। 3. एहतराम = सम्मान। 4. माहताब = चाँद। 5. लबो-रुखसार = होंठ और गाल। 6. सैरे-गुल = फूलों की सैर। 7. तज़किरा = चर्चा। 8. बज़्मे-अंजुम = तारों की महफ़िल। 9. बज़्मे-खाक = मिट्टी की महफ़िल, धरती। 10. इब्ने-आदम = आदम का बेटा, मनुष्य। 11. खोशा-ए-गन्दुम = गेहूँ की बाली। 12. मायल-बजंग = युद्ध की ओर उन्मुख। 13. आशुफ़्ता = एक साथ अस्त-व्यस्त।

■

फ़ैज़ अहमद फ़ैज़

[13 फरवरी 1911 - 20 नवम्बर 1984]

रंग पैराहन का खुशबू जुल्फ़ लहराने का नाम
मौसमे-गुल है तुम्हारे बाम पर आने का नाम।

गहरी अनुभूति और प्रगतिशील विचारधारा के मशहूर और मक़बूल शायर फ़ैज़ अहमद फ़ैज़ का जन्म 13 फरवरी 1911 ई० को सियालकोट के एक छोटे से गाँव काला कादर में हुआ। फ़ैज़ ने जिस परिवेश में जन्म लिया, वह जमींदारी व्यवस्था के मूल्यों और पूर्वाग्रहों का परिवेश था, लेकिन फ़ैज़ ने जो राजनीतिक परिस्थितियाँ देखीं और जिनका वे हिस्सा बने, उन्होंने फ़ैज़ के बौद्धिक विकास में सक्रिय रचनात्मक योगदान दिया। उनके पिता का नाम चौधरी सुल्तान मोहम्मद खाँ था। फ़ैज़ का निकाह (विवाह) एलिस जार्ज के साथ 1941 ई० में हुआ। सलमा (जन्म 1942 ई०) और मुनीजा (जन्म 1945 ई०) इनकी दो पुत्रियाँ हैं।

पिता की छाया और सरपरस्ती में फ़ैज़ का बचपन बीता। आम मुस्लिम परिवारों की तरह फ़ैज़ को भी अपने घर-परिवार में पारम्परिक शिक्षा और संस्कार मिले। बचपन में उन्हें पवित्र ग्रन्थ क़ुरान की कुछ पंक्तियाँ कण्ठस्थ करायी गयीं और सियालकोट के मकतब में अरबी और फारसी की तालीम दी गयी। कुशाग्र बुद्धि फ़ैज़ ने 1921 ई० में स्कॉट मिशन हाईस्कूल, लाहौर में दाखिला लिया। 1921 ई० में मैट्रिक की परीक्षा अव्वल दर्जे (फर्स्ट डिवीजन) में पास की। 1929 ई० में मरे कॉलेज, सियालकोट से फर्स्ट डिवीजन में इण्टरमीडिएट पास किया। सन् 1931 ई० में गवर्नमेण्ट कॉलेज, लाहौर से अरबी में बी०ए० किया एवं बी०ए० ऑनर्स की परीक्षा भी उत्तीर्ण की। सन् 1931 ई० में यहीं से अंग्रेजी में एम०ए० किया। 1934 ई० में एम ओरियण्टल कॉलेज, लाहौर से अरबी में एम०ए० की उपाधि ली। सन् 1935 ई० में वे अमृतसर के एम०ए०ओ० कॉलेज में व्याख्याता नियुक्त हुए। 1936 ई० में पंजाब प्रगतिशील लेखक संघ की स्थापना की। कम्युनिस्ट पार्टी के नेतृत्व में चलने वाली मज़दूरों की तहरीक़ में भी उनकी शिरकत हुई।

फ़ैज़ ने विभिन्न पदों एवं स्थानों पर नौकरी की, मसलन एम०ए०ओ० कॉलेज, अमृतसर (1934-40 ई०), हेली कॉलेज, लाहौर (1940-42 ई०)। 1959 ई० में कुछ महीने तक पाकिस्तान आर्ट कौंसिल के सेक्रेटरी और 1962 में अब्दुल्ला हारूँ कॉलेज के प्रिंसिपल रहे।

सन् 1939 ई० में जब द्वितीय विश्वयुद्ध शुरू हुआ, फ़ैज़ 1942 ई० में ब्रिटिश इण्डियन आर्मी में कैप्टन बने। उन्होंने कैप्टन के पद से कर्नल के पद तक की यात्रा की तथा 1947 ई० में फौज़ से त्यागपत्र दे दिया।

फ़ैज़ अहमद फ़ैज़ को प्रधानमन्त्री लियाकत अली खाँ की हुकूमत का तख्ता पलटने के आरोप में रावलपिण्डी कॉन्सपिरेसी केस के तहत 4 वर्ष 1 माह 11 दिन की जेल-यात्रा भी करनी पड़ी। तथा 1958 ई० में सुरक्षा ऐक्ट के तहत फिर गिरफ्तार किये गये। नक्शे-फरियादी (1941 ई०), दस्ते-सबा (1952 ई०), जिदाँनामा (1956 ई०), दस्ते तहे संग (1946 ई०), सरे-वादिए-सीना (1971 ई०), शामे-यारा (1978 ई०), मेरे दिल मेरे मुसाफिर (1981 ई०), गोबारे अय्याम आदि उनके प्रसिद्ध संग्रह हैं।

फ़ैज़ की शायरी में इंसानी दोस्ती और इंकलाबी विचारधारा और एक रूमानी स्वभाव के व्यक्ति का प्रेम और वेदना का संगम है। 'सलीबें मेरे दरीचे में' जेल में एलिस फ़ैज़ के नाम लिखे पत्रों का संग्रह है जो 1971 ई० में प्रकाशित हुआ।

मीजान (1962 ई०), मताए-लौहो-कलम (1973 ई०) में फ़ैज़ के चुने भाषण, लेख, इण्टरव्यू, भूमिकाएँ, पत्र, रेडियो और टेलीविज़न से प्रसारित सामग्री और चार नाटक संकलित हैं। इसके अन्त में फ़ैज़ सम्बन्धित चार विशिष्ट लेख हैं। उन्होंने कई पत्र-पत्रिकाओं का सम्पादन भी किया।

फ़ैज़ अहमद फ़ैज़ को विभिन्न पुरस्कार एवं सम्मान से भी नवाजा गया, मसलन 1962 ई० में अन्तर्राष्ट्रीय लेनिन शान्ति पुरस्कार, 1976 ई० में लोटस पुरस्कार, 1990 ई० में ही निशाने-इम्तियाज (पाकिस्तान का सर्वोच्च नागरिक सम्मान) (मरणोपरान्त)।

20 नवम्बर 1984 को पाकिस्तान के लाहौर शहर में उनका इन्तकाल हो गया।

फ़ैज़ उर्दू के महान् शायरों में से एक थे। क्रान्ति और प्रेम, युद्ध और शान्ति तथा आग और राग के ऐसे शायर शायरी को कभी-कभी नसीब होते हैं। दिल के ख़ून को स्याही और उँगलियों को कलम बनाकर अपने समय की सच्चाइयों को दर्ज करने वाले और ज़ंजीर की कड़ियों को ज़बान बख़्शने वाले इस शायर के बारे में कहा जाता है कि—"उनकी शायरी में अगर एक परम्परा कैश (मजनूँ) की है तो दूसरी मंसूर की।" किसी ने बहुत ठीक कहा है कि—"फूलों की शक्ल और उनकी रंगो-बू से सराबोर शायरी से भी अगर आँच आ रही है तो यह मान लेना चाहिये कि फ़ैज़ वहाँ पूरी तरह मौजूद हैं।"

फ़ैज़ की तमाम ग़ज़लें, नज़्में और उनके तराने लोगों की ज़बान पर हैं और उनके जीवन-संघर्षों में मददगार हैं। प्रेम और विद्रोह तथा वैयक्तिक प्रेम व सामाजिक प्रेम उनकी शायरी में इस प्रकार एकमएक हो गये हैं कि उन्हें अलगाना

बहुत कठिन है। उनका वैयक्तिक प्रेम उन्हें समाज से जोड़ता है। प्रेम उन्हें बाँधता नहीं, मुक्त करता है और शक्ति देता है। दुनिया में प्रेम की सत्ता कायम रहे इसलिए अन्याय और तानाशाही की सत्ता से संघर्ष करना उन्हें ज़रूरी लगा था। इसीलिए प्रेमिका की गली से निकल कर फाँसी के तख़्ते की ओर जाने में उन्हें कोई हिचक नहीं थी—

> गुलों में रंग भरे बादे नौ बहार चले,
> चले भी आओ कि गुलशन का कारोबार चले।
> मुकाम फ़ैज़ कोई राह में जँचा ही नहीं,
> जो कू-ए-यार से निकले तो सू-ए-दार चले।

बाज़ार में इंसानी जिस्म की ख़रीद-फ़रोख्त तथा ख़ाक में लिपटे और ख़ून में डूबे हुए, भूख से बिलबिलाते हुए मंज़र देखकर उन्हें कहना पड़ा था कि—'अब भी दिलकश है तेरा हुस्न मगर क्या कीजै, और भी दुख हैं जमाने में मुहब्बत के सिवा।' एक तरफ वे पत्नी को याद करते हुए कहते हैं कि—'आपकी याद आती रही रातभर / चाँदनी दिल दुखाती रही रातभर' तो दूसरी तरफ मजलूमों को अत्याचार के खिलाफ़ आवाज उठाने के लिए प्रेरित करते हैं—'बोल कि लब आज़ाद हैं तेरे, बोल जबाँ अब तक तेरी है।' और उन्हें ललकारते व उनमें विश्वास भरते हुए कहते हैं कि—'कटते भी चलो, बढ़ते भी चले, बाजू भी बहुत हैं सर भी बहुत / चलते भी चलो कि अब डेरे मंजिल पे ही डाले जाएँगे।'

●

मुझसे पहली सी मुहब्बत मेरी महबूब न माँग!

मुझसे पहली सी मुहब्बत मेरी महबूब न माँग!
मैंने समझा था कि तू है तो दरख़्शाँ[1] है हयात[2]
तेरा ग़म है तो ग़मे-दह्र[3] का झगड़ा क्या है
तेरी सूरत से है आलम में बहारों को सबात[4]
तेरी आँखों के सिवा दुनिया में रक्खा क्या है
तू जो मिल जाये तो तक़दीर नगूँ[5] हो जाए
यूँ न था, मैंने फ़क़त चाहा था यूँ हो जाए
और भी दुख हैं जमाने में मुहब्बत के सिवा
राहतें और भी हैं वस्ल[6] की राहत के सिवा

अनगिनत सदियों के तारीक बहीमाना[7] तिलिस्म
रेशमो-अतलसो-किमख़्वाब में बुनवाये हुए
जा-ब-जा बिकते हुए कूचा-ओ-बाज़ार में जिस्म
ख़ाक में लिथड़े हुए, खून में नहलाये हुए
जिस्म निकले हुए अमराज़[8] के तन्नूरों से
पीप बहती हुई गलते हुए नासूरों से
लौट जाती है उधर को भी नज़र क्या कीजे
अब भी दिलकश है तेरा हुस्न मगर क्या कीजे

और भी दुख हैं ज़माने में मुहब्बत के सिवा
राहतें और भी हैं वस्ल की राहत के सिवा
मुझसे पहली सी मोहब्बत मेरी महबूब न माँग!

---

1. दरख़्शाँ = चमकदार। 2. हयात = जीवन। 3. ग़मे-दह्र = दुनिया का दुःख। 4. सबात = स्थिरता। 5. नगूँ = उलट जाना, बदल जाना। 6. वस्ल = प्रणय, मिलन। 7. बहीमाना = पाशविक, बर्बर। 8. अमराज़ = बीमारियाँ।

●

बोल.....

बोल कि लब आजाद हैं तेरे
बोल, ज़बाँ अब तक तेरी है
तेरा सुतवाँ[1] जिस्म है तेरा
बोल कि जाँ अब तक तेरी है
देख कि आहनगर[2] की दुकाँ[3] में
तुंद[4] हैं शोले, सुर्ख है आहन[5]
खुलने लगे कुफ़्लों के दहाने[6]
फैला हर ज़ंजीर का दामन
बोल, ये थोड़ा वक़्त बहुत है
जिस्मो-ज़बाँ की मौत से पहले
बोल, कि सच ज़िंदा है अब तक
बोल, जो कुछ कहना है कह ले

---

1. सुतवाँ = सुडौल। 2. आहनगर = लोहार। 3. दुकाँ = दुकान। 4. तुंद = तेज। 5. आहन = लोहा। 6. दहाने = तालों के मुँह।

●

चंद रोज़ और मेरी जान!

चंद रोज़ और मेरी जान फ़क़त चंद ही रोज़
जुल्म की छाँव में दम लेने पे मजबूर हैं हम
और कुछ देर सितम सह लें, तड़प लें, रो लें
अपने अजदाद[1] की मीरास[2] हैं माजूर[3] हैं हम
जिस्म पर क़ैद है, ज़ज्बात पे ज़ंजीरें हैं
फ़िक्र महबूस[4] है, गुफ़्तार पे ताज़ीरें[5] हैं
अपनी हिम्मत है कि हम फिर भी जिये जाते हैं
ज़िंदगी क्या किसी मुफ़लिस की क़बा है जिसमें

हर घड़ी दर्द के पैबंद लगे जाते हैं
लेकिन अब जुल्म की मीयाद के दिन थोड़े हैं
इक ज़रा सब्र, कि फ़रियाद के दिन थोड़े हैं
अर्सा-ए-दह्‌र[6] की झुलसी हुई वीरानी में
हमको रहना है पे यूँ ही तो नहीं रहना है
अजनबी हाथों का बे-नाम गराँबार[7] सितम
आज सहना है हमेशा तो नहीं सहना है
ये तेरे हुस्न से लिपटी हुई आलाम[8] की गर्द
अपनी दो-रोजा जवानी की शिकस्तों का शुमार
चाँदनी रातों का बेकार दहकता हुआ दर्द
दिल की बे-सूद तड़प, जिस्म की मायूस पुकार
चंद रोज़ और मेरी जान फ़क़त चंद ही रोज़

---

1. अजदाद = पूर्वज। 2. मीरास = देन। 3. माजूर = लाचार। 4. महबूस = बंदी। 5. ताज़ीरें = प्रतिबन्ध। 6. दह्‌र = संसार का मैदान। 7. गराँबार = भारी, बोझिल। 8. आलाम = दुःख।

●

निसार मैं तेरी गलियों पे.....

निसार मैं तेरी गलियों पे ऐ वतन, कि जहाँ
चलो है रस्म कि कोई न सर उठा के चले
जो कोई चाहनेवाला तवाफ़[1] को निकले
नज़र चुरा के चले, जिस्मो-जाँ बचा के चले

है अह्‌ले-दिल के लिए अब ये नज़्मे-बस्तो-कुशाद[2]
कि संगो-ख़िश्त[3] मुकय्यद[4] हैं और सग[5] आज़ाद

बहुत है जुल्म के दस्ते-बहाना-जू[6] के लिए
जो चंद अह्‌ले-जुनूँ तेरे नामलेवा हैं
बने हैं अह्‌ले-हवस, मुद्दई भी, मुंसिफ़ भी
किसे वकील करें, किससे मुंसिफ़ी चाहें

मगर गुज़ारनेवालों के दिन गुज़रते हैं
तेरे फ़िराक में यूँ सुब्हो-शाम करते हैं—

बुझा जो रौज़ने-ज़िदाँ तो दिल ये समझा है
कि तेरी माँग सितारों से भर गयी होगी
चमक उठे हैं सलासिल[7] तो हमने जाना है
कि अब सहर तेरे रुख़ पर बिखर गयी होगी

ग़रज़ तसव्वुरे-शामो-सहर में जीते हैं
गिरफ़्ते-साया-ए-दीवारो-दर में जीते हैं

यू ही हमेशा उलझती रही है जूल्म से खल्क
न उनकी रस्म नयी है, न अपनी रीत नयी
यूँ ही हमेशा खिलाये हैं हमने आग में फूल
न उनकी हार नयी है, न अपनी जीत नयी

इसी सबब से फलक का गिला नहीं करते
तेरे फ़िराक़ में हम दिल बुरा नहीं करते
गर आज तुझसे ज़ुदा हैं तो कल बहम[8] होंगे
ये रात-भर की जुदाई तो कोई बात नहीं

गर आज औज[9] पे है ताला-ए-रक़ीब[10] तो क्या
ये चार दिन की खुदाई तो कोई बात नहीं

जो तुझसे अह्दे-वफा उस्तवार[11] रखते हैं
इलाजे-गर्दिशे-लैलो-निहार[12] रखते हैं

---

1. तवाफ़ = परिक्रमा। 2. कुशाद = बँधने और खुलने की व्यवस्था। 3. ख़िश्त = ईट-पत्थर। 4. मुकय्यद = कैद। 5. सग = कुत्ते। 6. दस्ते-बहाना-जू = बहाना ढूँढनेवाला हाथ। 7. सलासिल = जंजीरें। 8. बहम = मिलेंगे। 9. औज = शिखर। 10. ताला-ए-रक़ीब = प्रतिद्वन्द्वी का भाग्य। 11. उस्तवार = पक्का। 12. इलाजे-गर्दिशे-लैलो-निहार = रात और दिन के क्रम का इलाज।

●

ग़ज़ल

गुलों में रंग भरे बादे-नौबहार[1] चले
चले भी आओ कि गुलशन का कारोबार चले

क़फ़स[2] उदास है यारो सबा से कुछ तो कहो
कहीं तो बहर-ए-ख़ुदा[3] आज जिक्रे-यार चले

कभी तो सुब्ह तेरे कुंजे-लब[4] से हो आग़ाज
कभी तो शब सरे-काकुल[5] से मुश्कबार[6] चले

बड़ा है दर्द का रिश्ता ये दिल ग़रीब सही
तुम्हारे नाम पे आयेंगे ग़मगुसार चले

जो हम पे गुज़री सो गुज़री मगर शबे-हिज्राँ
हमारे अश्क तेरी आकबत सँवार चले

हुजूरे-यार हुई दफ़्तरे-जुनूँ[7] की तलब
गिरह में लेके गरेबाने-तार-तार चले

मुक़ाम, 'फ़ैज़' कोई राह में जँचा ही नहीं
जो कू-ए-यार से निकले तो सू-ए-दार[8] चले

मंटगोमरी जेल, 29 जनवरी 1954

---

1. बाद-ए-नौबहार = नयी बहार की हवा। 2. क़फ़स = पिंजरा (कारावास)। 3. बहर-ए-ख़ुदा = ख़ुदा के वास्ते। 4. कुंजे-लब = होठों के किनारे। 5. सरे काकुल = ज़ुल्फों। 6. मुश्कबार = सुगंधित। 7. दफ़्तरे-जुनूँ = दीवानगी की तीव्रता। 8. सू-ए-दार = सूली की ओर।

●

मख़दूम की याद में

आपकी याद आती रही रात भर
चाँदनी दिल दुखाती रही रात भर

गाह जलती हुई, गाह बुझती हुई
शम-ए-गम झिलमिलाती रही रात भर

कोई खुशबू बदलती रही पैरहन[1]
कोई तस्वीर गाती रही रात भर

फिर सबा[2] साय-ए-शाखे-गुल[3] के तले
कोई किस्सा सुनाती रही रात भर

जो न आया उसे कोई ज़ंजीरे-दर[4]
हर सदा पर बुलाती रही रात भर

एक उम्मीद से दिल बहलता रहा
इक तमन्ना सताती रही रात भर

मॉस्को, सितम्बर, 1978

---

1. पैरहन = वस्त्र। 2. सबा = हवा। 3. साय-ए-शाख़े-गुल = फूल की टहनी की छाया। 4. ज़ंजीरे-दर = दरवाजे की साँकल।

•

सुब्हे-आज़ादी
(अगस्त, '47)

ये दाग़-दाग़ उजाला, ये शबगज़ीदा[1] सहर
वो इंतिज़ार था जिसका, ये वो सहर तो नहीं

ये वो सहर तो नहीं जिसकी आरजू लेकर
चले थे यार कि मिल जायेगी कहीं न कहीं
फ़लक के दश्त में तारों की आख़िरी मंज़िल
कहीं तो होगा शबे-सुस्तमौज का साहिल
कहीं तो जाके रुकेगा सफ़ीनए-ग़मे-दिल
जवाँ लहू की पुर-असरार[2] शाहराहों से
चले जो यार तो दामन पे कितने हाथ पड़े
दयारे-हुस्न की बे-सब्र ख़्वाबगाहों से
पुकारती रहीं बाँहें, बदन बुलाते रहे
बहुत अज़ीज़ थी लेकिन रुख़े-सहर की लगन

बहुत करीं[3] था हसीनाने-नूर का दामन
सुबुक-सुबुक थी तमन्ना दबी-दबी थी थकान

सुना है हो भी चुका है फ़िराक़े-जुल्मते-नूर[4]
सुना है हो भी चुका है विसाले-मंज़िलो-गाम[5]
बदल चुका है बहुत अह्ले-दर्द का दस्तूर
निशाते-वस्ल हलालो-अजाबो-हिज्रे[6]-हराम
जिगर की आग, नजर की उमंग, दिल की जलन
किसी पे चाराए-हिज्राँ[7] का कुछ असर ही नहीं
कहाँ से आयी निगारे-सबा[8] किधर को गयी
अभी चिरागे-सरे-राह को कुछ ख़बर ही नहीं
अभी गरानी-ए-शब में कमी नहीं आयी
नजाते-दीदा-ओ-दिल[9] की घड़ी नहीं आयी
चले चलो कि वो मंजिल अभी नहीं आयी

---

1. शबगज़ीदा = रात की डसी हुई। 2. असरार = रहस्यमय। 3. करीं = निकट। 4. फ़िराक़े-जुल्मते-नूर = अँधेरे और रौशनी का अलगाव। 5. विसाले-मंज़िलो-गाम = मंजिल और कदम का मिलन। 6. हलालो-अजाबो हिज्रे = विरह की मुसीबत। 7. चाराए-हिज्राँ = विरह का समाधान। 8. निगारे-सबा = सुबह की रोशनी। 9. नजाते-दीदा-ओ-दिल = आँख और हृदय की मुक्ति।

●

तराना

दरबारे-वतन में जब इक दिन सब जाने वाले जायेंगे
कुछ अपनी सज़ा को पहुँचेंगे, कुछ अपनी जजा[1] ले जायेंगे
ए ख़ाकनशीनो, उठ बैठो, वो वक्त क़रीब आ पहुँचा है
जब तख़्त गिराये जायेंगे, जब ताज उछाले जायेंगे
अब टूट गिरेंगी जंजीरें, अब ज़िंदानों[2] की ख़ैर नहीं
जो दरिया झूम के उट्ठे, तिनकों से न टाले जायेंगे
कटते भी चलो, बढ़ते भी चलो, बाजू भी बहुत हैं, सर भी बहुत
चलते भी चलो कि अब डेरे मंज़िल पे डाले जायेंगे

ऐ जुल्म के मारो! लब खोलो, चुप रहनेवालो चुप कब तक
कुछ हश्र तो इन से उट्ठेगा, कुछ दूर तो नाले जायेंगे।

1. जजा = पुरस्कार। 2. ज़िंदानों = जेलखानों।

●

शाम

इस तरह है के: हर इक पेड़ कोई मंदिर है
कोई उजड़ा हुआ बेनूर पुराना मंदिर
ढूँढ़ता है जो ख़राबी के बहाने कब से
चाक हर बाम, हर इक दर का दम-ए-आखिर[1] है
आसमाँ कोई पुरोहित है जो हर बाम तले
जिस्म पर राख मले, माथे पर सिंदूर मले
सरनिगूँ[2] बैठा है चुपचाप न जाने कब से
इस तरह है के: पस-ए-पर्दा[3] कोई साहिर[4] है
जिसने आफ़ाक[5] पे: फैलाया है यूँ सहर का दाम[6]
दामन-ए-वक़्त से पैबस्त[7] है यूँ दामन-ए-शाम
अब कभी शाम बुझेगी न: अँधेरा होगा
अब कभी रात ढलेगी न: सबेरा होगा

आसमाँ आस लिये है के: ये: जादू टूटे
चुप की जंजीर कटे, वक्त का दामन छूटे
दे कोई शंख दुहाई, कोई पायल बोले
कोई बुत जागे, कोई साँवली घूँघट खोले।

1. दम-ए-आखिर = आखिरी साँस। 2. सरनिगूँ = सर झुकाये। 3. पस-ए-पर्दा = पर्दे के पीछे। 4. साहिर = जादूगर। 5. आफ़ाक = आकाश। 6. दाम = मायाजाल। 7. पैबस्त = जुड़ा हुआ।

●

पास रहो

तुम मेरे पास रहो
मेरे क़ातिल, मेरे दिलदार, मेरे पास रहो
जिस घड़ी रात चले
आसमानों का लहू पी के सियह[1] रात चले
मर्हम-ए-मुश्क[2] लिये नश्तर-ए-अल्मास[3] लिये
बैन करती हुई, हँसती हुई, गाती निकले
दर्द की कासनी पाज़ेब[4] निकले
जिस घड़ी सीनों में डूबे हुए दिल
आस्तीनों में निहाँ[5] हाथों की रह तकने लगें
आस लिये
और बच्चों के बिलखने की तरह कुलकुल-ए-मय[6]
बह्‌र-ए-नासूदगी[7] मचले तो मनाये नः मने
जब कोई बात बनाये नः बने
जब न कोई बात चले
जिस घड़ी रात चले
जिस घड़ी मातमी सुनसान, सियह रात चले
पास रहो
मेरे क़ातिल, मेरे दिलदार, मेरे पास रहो।

---

1. सियह = काली। 2. मर्हम-ए-मुश्क = सुगन्ध का मरहम। 3. नश्तर-ए-अल्मास = हीरे का नश्तर। 4. पाज़ेब = पाँव का आभूषण। 5. निहाँ = छुपे हुए। 6. कुलकुल-ए-मय = शराब ढालने का स्वर। 7. बह्‌र-ए-नासूदगी = निराशा के कारण।

●

तुम क्या गये के: रूठ गये दिन बहार के

दोनों जहान तेरी मुहब्बत में हार के
वो: जा रहा है कोई शब-ए-गम गुज़ार के
वीराँ[1] है मयकदा, खुम-ओ-सागर[2] उदास है
तुम क्या गये के: रूठ गये दिन बहार के

इक फ़ुर्सत-ए-गुनाह मिली, वोः भी चार दिन
देखे हैं हमने हौसले परवरदिगार[3] के
दुनिया ने तेरी याद से बेगाना कर दिया
तुझसे भी दिलफ़रेब हैं ग़म रोजगार[4] के
भूले से मुस्करा तो दिये थे वोः आज 'फ़ैज़'
मत पूछो वलवले दिल-ए-नाकर्दा कार[5] के

---

1. वीराँ = वीरान। 2. खुम-ओ-सागर = सुराही व जाम। 3. परवरदिगार = ईश्वर। 4. रोजगार = दुनिया। 5. दिल-ए-नाकर्दा कार = अनुभवहीन हृदय।

आज तुम याद बे-हिसाब आये

आये कुछ अब्र कुछ शराब आये
उसके बाद आये जो अज़ाब[1] आये

हर रग-ए-ख़ूँ में फिर चिराग़ाँ[2] हो
सामने फिर वोः बे-नकाब आये

कर रहा था ग़म-ए-जहाँ[3] का हिसाब
आज तुम याद बे-हिसाब आये

नः गयी तेरे ग़म की सरदारी
दिल में यूँ रोज़ इनक़लाब आये

'फ़ैज़' थी राह सर-ब-सर मंजिल[4]
हम जहाँ पहुँचे, कामयाब आये

---

1. अज़ाब = यातना, दुःख, पापों का वह दण्ड जो यमलोक में मिलता है। 2. चिराग़ाँ = दीप जलाना। 3. ग़म-ए-जहाँ = दुनिया के ग़म। 4. सर-ब-सर मंजिल = मंज़िल के साथ-साथ।

असरारुल हक़ 'मजाज़'

[19 अक्टूबर 1911 - 05 दिसम्बर 1955]

देख शमशीर है ये साज़ है ये जाम है ये
तू जो शमशीर उठा ले तो बड़ा काम है ये।

असरारुल हक़ 'मजाज़' उर्दू के प्रगतिशील शायर थे। उन्होंने अग्निवर्षिणी वाणी में विद्रोही तेवर की कविताएँ तो लिखीं ही, उच्चकोटि की प्रेम-कविताएँ भी लिखीं। इनका जन्म 19 अक्टूबर 1911 को जिला बाराबंकी (उत्तर प्रदेश) के रुदौली गाँव में एक जमींदार परिवार में हुआ। वे शिया मुसलमान थे। उनके पिता का नाम चौधरी सिराजुलहक़ था। उनकी प्रारम्भिक शिक्षा रुदौली के मखदूमिया में हुई। सन् 1929 में लखनऊ के अमीनाबाद हाईस्कूल से दसवीं की परीक्षा पास की। सन् 1929 में पिता का तबादला आगरा होने पर आगरा के सेंट जॉन्स कॉलेज में इण्टर साइंस में दाखिला लिया, लेकिन फेल हो गये। सन् 1931 में पिताजी का तबादला अलीगढ़ होने पर अलीगढ़ यूनिवर्सिटी में आर्ट्स में प्रवेश हुआ। वहीं से 1935 में बी०ए० किया तथा एम०ए० में दाखिला लिया, किन्तु नौकरी के कारण आगे की पढ़ाई बीच में ही छोड़ दी।

मजाज़ ने कई जगह नौकरियाँ कीं, लेकिन कहीं भी ज्यादा दिन टिक नहीं पाये। दिल्ली में रेडियो में काम करते हुए उन्हें शराब पीने की लत लग गयी। एक साल के भीतर ही पंजाब और यू०पी० की राजनीति का शिकार होकर उन्हें नौकरी खोनी पड़ी। जहाँ रहते थे वहाँ एक विवाहिता से प्रेम करने लगे थे और भेद खुल जाने पर वहाँ से निकाल दिये गये थे।

मजाज़ ने सन् 1935 ई० में ऑल इण्डिया रेडियो की पत्रिका 'आवाज़' के सहायक सम्पादक के रूप में पहली नौकरी की। सन् 1939 ई० में बम्बई सेक्रेट्रिएट में कुछ महीने अनुवादक का कार्य किया, जहाँ 'आनफुट' का अनुवाद 'पैदल' के बजाय 'पैरों पर' कर दिया, और वाक्य बना—'वह नमक का बोरा पैरों पर लिये जा रहा था।' और इस तरह यह भी नौकरी हाथ से फिसल गयी। 1942-45 ई० तक दिल्ली में हार्डिंग लाइब्रेरी में असिस्टेंट लाइब्रेरियन के रूप में नौकरी की।

मजाज़ की शायरी का पहला (एकमात्र) संग्रह 'आहंग' 1938 ई० में प्रकाशित हुआ, फिर यही संग्रह कुछ नयी नज़्मों के साथ 'शबताब' नाम से छपा। 'आहंग' के दूसरे संस्करण की भूमिका फैज़ ने लिखी। इसमें मजाज़ की शायरी के

तमाम स्वरों का प्रतिनिधित्व है। यह संग्रह उर्दू शायरी के विशिष्ट रुझान को स्पष्ट करता है। 'आवारा' उस दौर की सबसे अच्छी कविता है, जिससे उन्हें बहुत शोहरत मिली। मजाज़ की शायरी का सफर आगरा में रहने के दौरान ही शुरू हो गया था। आगरा में फ़ानी, बदायूँनी, आदि मजाज़ के पड़ोसी थे जिनका मजाज़ पर गहरा प्रभाव पड़ा। फानी ने ही असरारुल हक़ को 'मजाज़' तखल्लुस दिया।

नौकरी से निकाले जाने, प्रेम की असफलता और एक लड़की के बाप के शादी से इनकार आदि के कारण उन्हें 1940 ई० में दीवानगी (पागलपन) का पहला दौरा पड़ा। 1945 ई० में दूसरा दौरा पड़ा तथा 1952 में पागलपन का तीसरा दौरा पड़ा और उन्हें राँची ले जाया गया। उन दिनों बंगाल के शायर क़ाजी नज़रूल इस्लाम को भी वहीं रखा गया था। 5 दिसम्बर 1955 की रात दस बजे मजाज़ का इंतकाल हो गया।

मजाज़ ने बार-बार प्रेम किया और हमेशा असफल रहे। उनकी रूमानियत और हुस्नपरस्ती की बड़ी चर्चा थी। अपना परिचय उन्होंने एक ग़ज़ल में इस प्रकार दिया है—

इश्क ही इश्क है दुनिया मेरी
फ़ित्न-ए-अक़्ल से बेज़ार हूँ मैं।
ज़िन्दगी क्या है गुनाहे आदम
ज़िन्दगी है तो गुनहगार हूँ मैं।
इक लपकता हुआ शोला हूँ मैं
एक चलती हुई तलवार हूँ मैं।

मजाज़ के पास जीवन और साहित्य की बहुत स्पष्ट समझ थी। उनकी शायरी में कई रंग मिलते हैं। उसमें रूमानियत और इंकलाब दोनों के स्वर प्रबल हैं। उनकी शायरी में क्लासिकल शायरों की-सी शालीनता और सादगी मिलती है। साथ ही उसमें शब्द का सौन्दर्य और भाषा की नज़ाकत भी देखने लायक है। उन्होंने रूमानियत और साम्यवाद के कलात्मक पहलुओं और सौन्दर्य तत्त्व को ठीक से समझा था। मार्क्सवादी विचारधारा और सौन्दर्य-बोध की झलक भी उनकी शायरी में खूब दिखायी देती है। उन्होंने प्यार किया तो इतना डूबकर कि उन्हें संसार का सम्पूर्ण सौन्दर्य अपनी प्रेमिका में और सम्पूर्ण संसार में अपनी प्रेमिका का सौन्दर्य दिखायी देने लगा। उसी के कारण यह दुनिया सुन्दर व स्वर्ग जैसी लगने लगी— 'तूने दुनिया को भी फिरदौस (स्वर्ग) बना रखा है' और उन्होंने अनुभव किया कि—'नूर ही नूर है जिस सिम्त उठाऊँ आँखें / हुस्न ही हुस्न है ताहद्दे-नजर आज की रात।' और उन्होंने कामना की कि—'छलके तेरी आँखों से शराब और ज़्यादा / महकें तेरे आरिज (गाल) के गुलाब और ज़्यादा।' वे जवानी के पैगम्बर थे और प्रेम ही उनका कुरान था—'मुहब्बत मेरा कुआँ है, जवानी का पयंबर हूँ।'

मजाज़ औरत को उसकी रवायती ज़िन्दगी और छवि से बाहर निकालने और उसकी सामाजिक स्थिति को सुधारने के पक्षधर थे। 'नौजवान खातून' को सम्बोधित अपनी ग़ज़ल में उन्होंने स्त्री को शक्तिशाली, आज़ाद और इंकलाबी बनने के लिए प्रेरित किया है—

तेरे माथे पे ये आँचल बहुत ही खूब है लेकिन
तू इस आँचल से इक परचम बना लेती तो अच्छा था।

मजाज़ की बहुत सारी ग़ज़लें और नज़्में सामाजिक जीवन की विसंगतियों से वाबस्ता हैं। ये सामन्ती शोषण, पूँजीपतियों की जमाखोरी और साम्राज्यवादी लूट का जमकर विरोध करते हैं और देश की मेहनतकश जनता को, विशेषकर नौजवानों को उनके खिलाफ़ लड़ने के लिए ललकारते हैं—

बहे ज़मीं पे जो मेरा लहू तो गम मत कर
इसी ज़मीं से महकते गुलाब पैदा कर।
तू इंक़लाब की आमद का इंतज़ार न कर।
जो हो सके तो अभी इंकलाब पैदा कर।
शराब खैंची है सबने गरीब के ख़ूँ से
तू अब अमीर के ख़ूँ से शराब पैदा कर।

हालाँकि वे जानते थे कि दुनिया का सँवरना बहुत आसान नहीं है—'बहुत मुश्किल है दुनिया का सँवरना / तेरी जुल्फों का पेचोख़म नहीं है।' लेकिन उन्हें विश्वास था कि—'ख़त्म हो जाएगा मजाज़ सरमायादारी का निज़ाम / रंग लाने को है मजदूरों का जोशे-इंतकाम।' अँधेरी रात का मुसाफिर, आवारा, सरमायादारी, नूरा नर्स, नुमाइश, इंकलाब, रात और रेल, नन्ही पुजारिन, नौजवान ख़ातून से आदि उनकी बेहतरीन नज़्में हैं।

●

मजाज़ की शायरी

हुस्न को बेहिजाब[1] होना था
शौक[2] को कामयाब होना था

हिज्र[3] में कैफ़े-इज़्तिराब[4] न पूछ
खूने-दिल भी शराब होना था

तेरे जल्बों में घिर गया आख़िर
ज़र्रे को आफ़ताब[5] होना था

कुछ तुम्हारी निगाह काफ़िर थी
कुछ मुझे भी ख़राब होना था

रात तारों को टूटना भी 'मजाज़'
बाइसे-इज़्तराब[6] होना था

1. बेहिजाब = बेपर्दा। 2. शौक़ = प्रेम। 3. हिज्र = वियोग। 4. कैफ़े-इज़्तिराब = बेचैनी का आनन्द। 5. आफ़ताब = सूरज। 6. बाइसे-इज़्तराब = बेचैनी का कारण।

●

नौजवान ख़ातून[1] से

हिजाबे-फित्नापरवर[2] अब उठा लेती तो अच्छा था
खुद अपने हुस्न को पर्दा बना लेती तो अच्छा था

तिरी नीची नज़र खुद तेरी इस्मत की मुहाफ़िज़[3] है
तू इस नश्तर की तेजी आजमा लेती तो अच्छा था

तिरी चीने-जबीं[4] खुद इक सज़ा कानूने-फितरत[5] में
इसी शमशीर से कारे-सजा[6] लेती तो अच्छा था

ये तेरा ज़र्द रुख़, ये खुश्क लब, ये वह्म, ये वहशत
तू अपने सर से ये बादल हटा लेती तो अच्छा था

दिले-मजरुह[7] को मजरुहतर करने से क्या हासिल!
तू आँसू पोंछकर अब मुस्कुरा लेती तो अच्छा था

तिरे ज़ेरे-नगी[8] घर हो, महल हो, क़स्त्र हो[9], कुछ हो
मैं ये कहता हूँ तू अर्ज़ो-समा[10] लेती तो अच्छा था

अगर ख़िलवत[11] में तूने सर उठाया भी तो क्या हासिल!
भरी महफ़िल में आकर सर झुका लेती तो अच्छा था।

तिरे माथे का टीका मर्द की क़िस्मत का तारा है
अगर तू साज़े-बेदारी[12] उठा लेती तो अच्छा था

अया[13] हैं दुश्मनों के ख़ंजरों पर खून के धब्बे
इन्हें तू रंगे-आरिज़ से[14] मिला लेती तो अच्छा था

सनानें[15] खैंच ली हैं सरफिरे बाग़ी जवानों ने
तू सामाने-जराहत[16] अब उठा लेती तो अच्छा था

तिरे माथे पे ये आँचल बहुत ही खूब है लेकिन
तू इस आँचल से इक परचम बना लेती तो अच्छा था

(1937)

---

1. ख़ातून = स्त्री। 2. हिजाबे-फित्लापरवर = फ़ित्ने जगानेवाला पर्दा। 3. मुहाफ़िज़ = रक्षक। 4. चीने जबीं = माथे की त्यौरी। 5. कानूने फितरत = प्रकृति का विधान। 6. कारे सज़ा = दण्ड देने का काम। 7. दिले मजरुह = घायल दिल। 8. ज़ेरे-नगी = निगरानी (अधिकार) में। 9. क़स्त्र हो = महल। 10. अर्ज़ो समा = धरती-आकाश। 11. ख़िलवत = एकान्त। 12. साज़े-बेदारी = जागृति का साज़। 13. अया = प्रकट। 14. रंगे-आरिज़ से = गालों में रंग से। 15. सनानें = तलवारें। 16. सामाने-जराहत = इलाज का सामान।

●

बोल, अरी ओ धरती बोल!

बोल, अरी ओ धरती बोल
राजसिंहासन डावाँडोल

बादल, बिजली, रैन अँधियारी
दुख की मारी परजा सारी
बूढ़े-बच्चे सब दुखिया हैं
दुखिया नर हैं, दुखिया नारी
बस्ती-बस्ती लूट मची है
सब बनिये हैं, सब ब्यौपारी
बोल, अरी ओ धरती, बोल
राजसिंहासन डावाँडोल

कलयुग में जग के रखवाले
चाँदी वाले, सोने वाले
देसी हों या परदेसी हों
नीले, पीले, गोरे, काले
मक्खी, भुनगे भिन-भिन करते
ढूँढ़े हैं मकड़ी के जाले
बोल, अरी ओ धरती बोल
राजसिंहासन डावाँडोल

●

आवारा

शह्र की रात और मैं नाशादो-नाकारा फिरूँ
जगमगाती जागती सड़कों पे आवारा फिरूँ
ग़ैर की बस्ती है, कब तक दर-ब-दर मारा फिरूँ
ऐ ग़मे-दिल क्या करूँ, ऐ वहशते-दिल क्या करूँ

झिलमिलाते कुमकुमों की[1] राह में ज़ंजीर सी
रात के हाथों में दिन की मोहनी तस्वीर सी
मेरी छाती पर मगर जलती हुई शमशीर सी
ऐ ग़मे-दिल क्या करूँ, ऐ वहशते-दिल क्या करूँ

ये रुपहली छाँव, ये आकाश पर तारों का जाल
जैसे सूफ़ी का तसव्वुर[2], जैसे आशिक का ख़याल
आह लेकिन कौन जाने, कौन समझे दिल का हाल
ऐ ग़मे-दिल क्या करूँ, ऐ वहशते-दिल क्या करूँ

फिर वो टूटा इक सितारा, फिर वो छूटी फुलझड़ी
जाने किसकी गोद में आयी ये मोती की लड़ी
हूक सी सीने में उट्ठी, चोट सी दिल पर पड़ी
ऐ ग़मे-दिल क्या करूँ, ऐ वहशते-दिल क्या करूँ

रात हँस-हँसकर ये कहती है कि मैखाने में चल
फिर किसी शहनाजे-लालारुख[3] के काशाने[4] में चल
ये नहीं मुमकिन तो फिर ऐ दोस्त, वीराने में चल
ऐ ग़मे-दिल क्या करूँ, ऐ वहशते-दिल क्या करूँ

हर तरफ बिखरी हुई रंगीनियाँ, सनाइयाँ[5]
हर कदम पर इशरतें[6] लेती हुई अँगड़ाइयाँ
बढ़ रही है गोद फैलाये हुए रुसवाइयाँ[7]
ऐ ग़मे-दिल क्या करूँ, ऐ वहशते-दिल क्या करूँ

रास्ते में रुक के दम ले लूँ, मिरी आदत नहीं
लौटकर वापस चला जाऊँ, मिरी फितरत[8] नहीं
और कोई हमनवा[9] मिल जाये, ये क़िस्मत नहीं
ऐ ग़मे-दिल क्या करूँ, ऐ वहशते-दिल क्या करूँ

मुंतज़िर[10] है एक तूफ़ाने-वला मेरे लिए
अब भी जाने कितने दरवाज़े हैं वा[11] मेरे लिए
पर मुसीबत है मिरा अह्दे-वफ़ा[12] मेरे लिए
ऐ ग़मे-दिल क्या करूँ, ऐ वहशते-दिल क्या करूँ

जी में आता है कि अब अह्दे-वफ़ा भी तोड़ दूँ
उनको पा सकता हूँ मैं, ये आसरा भी तोड़ दूँ

हाँ, मुनासिब है ये ज़ंजीरे-हवा[13] भी तोड़ दूँ
ऐ ग़मे-दिल क्या करूँ, ऐ वहशते-दिल क्या करूँ

इक महल की आड़ से निकला वो पीला माहताब[14]
जैसे मुल्ला का अमामा,[15] जैसे बनिये की किताब
जैसे मुफलिस की जवानी, जैसे बेबा का शबाब[16]
ऐ ग़मे-दिल क्या करूँ, ऐ वहशते-दिल क्या करूँ

दिल में इक शोला भड़क उट्ठा है, आख़िर क्या करूँ
मेरा पैमाना छलक उट्ठा है, आख़िर क्या करूँ
ज़ख़्म सीने का महक उट्ठा है, आख़िर क्या करूँ
ऐ ग़मे-दिल क्या करूँ, ऐ वहशते-दिल क्या करूँ

जी में आता है ये मुर्दा चाँद-तारे नोच लूँ
इस किनारे नोच लूँ और उस किनारे नोच लूँ
एक-दो का ज़िक्र क्या, सारे के सारे नोच लूँ
ऐ ग़मे-दिल क्या करूँ, ऐ वहशते-दिल क्या करूँ

मुफ़लिसी और ये मनाज़िर[17] हैं नज़र के सामने
सैकड़ों सुलतानो-जाबिर[18] है नज़र के सामने
सैकड़ों चंगेज़ों-नादिर हैं नज़र के सामने
ऐ ग़मे-दिल क्या करूँ, ऐ वहशते-दिल क्या करूँ

लेके इक चंगेज़ के हाथों से ख़ंजर तोड़ दूँ
ताज पर उसके दमकता है जो पत्थर तोड़ दूँ
कोई तोड़े या न तोड़े, मैं ही बढ़कर तोड़ दूँ
ऐ ग़मे-दिल क्या करूँ, ऐ वहशते-दिल क्या करूँ

बढ़के इस इंदर सभा[19] का साजो-सामाँ फूँक दूँ
इसका गुलशन फूँक दूँ, उसका शबिस्ता[20] फूँक दूँ
तख़्ते-सुलताँ[21] क्या, मैं सारा कस्रे-सुलताँ[22] फूँक दूँ
ऐ ग़मे-दिल क्या करूँ, ऐ वहशते-दिल क्या करूँ

(1937)

---

1. कुमकुमों की = बिजली के लट्टुओं की। 2. तसव्वुर = कल्पना। 3. शहनाजे-लालारुख = फूलों जैसी मुखवाली सुन्दरी। 4. काशाने = महल। 5. सनाइयाँ = सुन्दरताएँ।

6. इशरतें = विलासिताएँ। 7. रुसवाइयाँ = बदनामियाँ। 8. फितरत = स्वभाव। 9. हमनवा = दोस्त। 10. मुं[illegible]र = प्रतीक्षारंत। 11. वा = खुले हुए। 12. अह्दे-वफ़ा = प्रेम का प्रण। 13. ज़ंजीरे-हवा - हवाई जंजीर (झूठा प्रण)। 14. माहताब = चाँद। 15. अमामा = पगड़ी। 16. शबाब = जवानी। 17. मनाज़िर = दृश्य। 18. सुलतानो-जाबिर = उत्पीड़क सुलतान। 19. इंदर सभा = इन्द्रसभा। 20. शाबिस्ता = शयनकक्ष। 21. तख़्ते-सुलताँ = सुलतान का तख्त। 22. कस्रे सुलताँ = सुलतान का महल।

●

नन्हीं पुजारिन

इक नन्ही-मुन्नी सी पुजारिन
पतली बाँहें, पतली गरदन
भोर भये मंदिर आयी है
आयी नहीं है माँ लायी है
वक्त से पहले जाग उठी है
नींद अभी आँखों में भरी है
ठोड़ी तक लट आयी हुई है
यूँही सी लहराई हुई है
आँखों में तारों की चमक है
मुखड़े पर चाँदी की झलक है
कैसी सुंदर है क्या कहिये
धूप चढ़े तारा चमका है
पत्थर पर इक फूल खिला है
चाँद का टुकड़ा, फूल की डाली
कमसिन, सीधी, भोली-भाली
कान में चाँदी की बाली है
हाथ में पीतल की थाली है
दिल में लेकिन ध्यान नहीं है
पूजा का कुछ ज्ञान नहीं है।

■

अली सरदार जाफ़री

[1913 - 2000]

कहीं मिले तो मेरे गुल-बदन से कह देना
तेरे ख़याल से बू-ए-बहार आती है।

अली सरदार जाफ़री का जन्म 29 नवम्बर, 1913 ई० को गोंडा जिले के बलरामपुर में हुआ था। वे प्रगतिशील लेखक संघ के संस्थापकों में से एक थे। उनका घराना मध्यवर्गीय मुसलमानों का घराना था जिसमें 'अनीस' के मरसियों को धार्मिक सम्मान प्राप्त था। 1933 में उन्होंने हाईस्कूल की परीक्षा पास की। दिल्ली के ऐंग्लो-अरबिक कॉलेज से स्नातक की उपाधि प्राप्त की। पहली अगस्त सन् 2000 में मुम्बई में उनका स्वर्गवास हो गया।

उनकी कुछ प्रमुख कृतियाँ हैं—'परवाज' (1944 ई०), 'जम्हूर' (1946 ई०), 'नयी दुनिया को सलाम' (1947 ई०), 'खूब की लकीर' (1949 ई०), 'अम्न का सितारा' (1950 ई०), 'एशिया जाग उठा' (1950 ई०), 'पत्थर की दीवार' (1953 ई०), 'एक ख़्वाब और' (1965 ई०), 'पैराहने शरर' (1966 ई०), 'लहू पुकारता है' (1978 ई०), 'मेरा सफ़र' (1999 ई०)।

1988 में सरदार जाफ़री को भारत के सर्वोच्च साहित्यिक सम्मान 'भारतीय ज्ञानपीठ पुरस्कार' से सम्मानित किया गया। इससे पूर्व उन्हें 1965 में सोवियत लैण्ड नेहरू पुरस्कार, 1967 ई० में पद्मश्री, 1977 ई० में उत्तर प्रदेश उर्दू अकादमी का पुरस्कार और 1978 में पाकिस्तान सरकार के द्वारा ग़ालिब स्वर्ण पदक से उन्हें नवाजा गया।

सरदार जाफ़री ने नये शब्दों और विचारों के साथ रचनाएँ कीं। जाफ़री की शायरी की भाषा का बड़ा हिस्सा ईरान के उस असर से आज़ाद है, जिससे उर्दू शायरी का बहुत बड़ा हिस्सा बोझिल है। उनके यहाँ ऐसी पंक्तियाँ जैसे 'गाय के थन से निकलती है चमकती चाँदी', 'धुएँ से काले तवे भी चिंगारियों के होंठों से हँस रहे हैं' आदि शायरी में नये लहजे की पहचान कराते हैं। बहुमुखी प्रतिभा के धनी जाफ़री ने अवाम की मुक्ति के लिए हर क्षेत्र में अपनी कलम चलायी और इसके साथ ही आज़ादी की लड़ाई में बढ़-चढ़कर भाग लिया। सामन्ती परिवार में जन्मे जाफ़री देश के नाजुक मसलों पर बेहद संजीदा थे और अपनी शायरी में वह इन मसलों को उठाते थे। उनकी कविता का प्रमुख विषय था करुणा, प्रेम, दृढ़ता, संवेदनशीलता और

क्रान्तिकारिता। उनके यहाँ रूप और विषय का ऐसा सुन्दर समन्वय है कि उर्दू साहित्य की परम्पराओं में अच्छी तरह रची-बसी होने पर भी हमें उनकी शायरी बिल्कुल नयी मालूम होती है। जाफ़रीजी ने उर्दू शायरी की जो नयी उपमायें और रूपक दिये हैं, और मुक्त छन्द तकनीक को सँवारा-निखारा है, उससे आधुनिक उर्दू शायरी के क्षेत्र में विस्तार हुआ है और वह रंगारंग भी हो उठी है। अपनी उपमाओं और रूपकों के नयेपन को लेकर जाफ़री जी कहते हैं कि—"पुरानी तश्बीह और इस्तआ़रे (उपमा और रूपक) एक बहुत बड़ा ख़ज़ाना ज़रूर हैं, लेकिन इस ख़ज़ाने पर क़नाअ़त (सन्तोष) कर लेना नादानी है। कभी तो इनके इस्तेमाल से बड़ा हुस्न पैदा हो जाता है। लेकिन कभी-कभी वो ख़यालात और एहसासात (अनुभूतियों) को जकड़ भी लेते हैं और असलियत पर पर्दा डाल देते हैं।"

सरदार जाफ़री ऐसे शायर हैं जिनकी अँगुली हर समय बदलती हुई राष्ट्रीय और अन्तर्राष्ट्रीय परिस्थितियों की नब्ज़ पर रही है। उन्होंने सिर्फ परिस्थितियों की नब्ज़ सुनने तक ही अपने को सीमित नहीं रखा बल्कि उन धड़कनों के साथ-साथ उनका अपना दिल भी धड़कता रहा है। सरदार जाफ़री एक विद्रोही, स्वतन्त्रता सेनानी, शान्तिवादी, कथाकार और आलोचक थे, लेकिन सबसे ऊपर वह एक उत्तम कल्पना के सम्पन्न कवि थे। उनके यहाँ किसी भी प्रकार की निराशा, थकान, करुणा और अविश्वास का चित्रण नहीं मिलता है, बल्कि उनकी शायरी हमारे दिल और दिमाग को झंकृत करती है और हमारे अन्तर्जगत् के शान्त जल में लहरों को उत्पन्न करने का कार्य भी करती है।

उन्होंने कई फिल्मों के लिए स्मरणीय गीत लिखे। उनका यह शेर परिवर्तन-कामी नौजवानों में बहुत लोकप्रिय है—

नया चश्मा है पत्थर के शिगाफ़ों से उबलने को,
ज़माना किस क़दर बेताब है करवट बदलने को।

●

अली सरदार जाफ़री की शायरी

अनाज

मेरी आशिक़ हैं किसानों की हसीं कन्यायें
जिनके आँचल ने मोहब्बत से उठाया मुझको
खेत को साफ़ किया, नर्म किया मिट्टी को
और फिर कोख में धरती की सुलाया मुझको
ख़ाक-दर-ख़ाक हर इक तह में टटोला लेकिन
मौत के ढूँढते हाथों से न पाया मुझको
ख़ाक से लेके उठा मुझको मेरा ज़ौक़े-नमू[1]
सब्ज़ कोंपल ने हथेली में छुपाया मुझको
मौत से दूर मगर मौत की इक नींद के बाद
जुंबिशे-बादे-बहारी ने[2] जगाया मुझको
बालियाँ फूलीं तो खेतों पे जवानी आई
इन परीज़ादों ने बालों में सजाया मुझको
मेरे सीने में भरा सुर्ख़ किरन ने सोना
अपने झूले में हवाओं ने झुलाया मुझको
मैं रकाबी में, पियालों में महक सकता हूँ
चाहिये बस लबो-रुख़्सार का साया[3] मुझको
मेरी आशिक़ हैं किसानों की हसीं कन्यायें
गोद से उनकी कोई छीन के लाया मुझको
हवसे-ज़र ने[4] मुझे आग में फूँका है कभी
कभी बाज़ार में नीलाम चढ़ाया मुझको
क़ैद रक्खा कभी लोहे में कभी पत्थर में
कभी गोदामों की क़ब्रों में दबाया मुझको
सी के बोरों में मुझे फैंका है तहख़ानों में
चोर-बाज़ार कभी रास न आया मुझको

वो तरसते हैं मुझे और मैं तरसता हूँ उन्हें
जिनके हाथों की हरारत ने[5] उगाया मुझको

क्या हुए आज मेरे नाज़ उठाने वाले?
हैं कहाँ क़ैदे-गुलामी से बचाने वाले?

---

1. ज़ौक़े-नमू = पनपने की प्रवृत्ति। 2. जुंबिशे-बादे-बहारी ने = वसन्त ऋतु के पवन की थरथराहट ने। 3. लबो-रुख़्सार का साया = होंठों और कपोलों की छत्रछाया। 4. हवसे-ज़र ने = धन की लोलुपता ने। 5. हरारत ने = गर्मी ने।

●

भूखी माँ, भूखा बच्चा

मेरे नन्हे, मेरे मासूम, मेरे नूरे-नज़र[1]
आ कि माँ अपने कलेजे से लगा ले तुझको
अपनी आग़ोशे-मोहब्बत में[2] सुला ले तुझको
तेरे होंठों का ये जादू था कि सीने से मेरे
नद्दियाँ दूध की बह निकली थीं
छातियाँ आज मेरी सूख गई हैं लेकिन
आँखें सूखी नहीं अब तक मेरे लाल
दर्द का चश्मा-ए-बेताब रवाँ है[3] इन से
मेरे अश्क़ों[4] ही से तू प्यास बुझा ले अपनी
सुनती हूँ खेतों में अब नाज नहीं उग सकता
कांग्रेस राज में सोना ही फला करता है
गाय के थन से निकलती है चमकती चाँदी
और तिजोरी की दराज़ों में सिमट जाती है

चाँद से दूध नहीं बहता है
तारे चावल हैं न गेहूँ न जवार

वर्ना मैं तेरे लिए चाँद सितारे लाती
मेरे नन्हे, मेरे मासूम, मेरे नूरे-नज़र

आ कि माँ अपने कलेजे से लगा ले तुझको
अपनी आग़ोशे-मोहब्बत में सुला ले तुझको

सो जा मेरी मोहब्बत की कली
मेरी जवानी के गुलाब
मेरे इफ़लास के[5] हीरे सो जा
नींद मे आयेंगी हँसती हुई परियाँ तेरे पास
बोतलें दूध की शर्बत के कटोरे लेकर

जाने आवाज़ की लोरी थी कि परियों का तलिस्म[6]
नींद-सी आने लगी बच्चे को
खिंच गई नीलगूँ[7] होंठों पे ख़मोशी की लकीर
मुट्ठियाँ खोल दीं और मूँद लीं आँखें अपनी
यूँ ढलकने लगा मनका जैसे
शाम के ग़ार में सूरज गिर जाये

झुक गई माँ की जबीं[8] बेटे की पेशानी पर[9]
अब न आँसू थे, न सिसकी थी, न लोरी न कलाम[10]
एक सन्नाटा था
एक सन्नाटा था तारीको-तवील[11]।

---

1. नूरे-नज़र = आँखों की ज्योति (पुत्र)। 2. आग़ोशे-मोहब्बत में = प्रेम भरी गोद में। 3. चश्मा-ए-बताब रवाँ है = बह रहा है। 4. अश्क़ों = आँसुओं। 5. इफ़लास के = निर्धनता के। 6. तलिस्म = जादू। 7. नीलगूँ = नीलिमामय। 8. जबीं = माथा। 9. पेशानी पर = माथे पर। 10. कलाम = बातचीत। 11. तारीको-तवील = अन्धकारपूर्ण और दीर्घ।

●

ख़ूनी हाथ

ये वही हाथ हैं सफ़्फ़ाको-दराज़[1]
हाँ वही हाथ सितम-पेशा[2] व चालाको-ज़लील
मेरे पहचाने हुए और तेरे पहचाने हुए
वो जो मग़रिब के सियहपोश उफ़क़ से निकले
आग मशरिक़ की बहारों में लगाने के लिए
आज भी मेरे हसीं देस में बल खाते हैं
आस्तीनों में छुपा लेते हैं बम ऐटम के
खोशे गेहूँ के[3] हथेली पे सजा लेते हैं

हाँ वही हाथ कड़कते हुए कोड़ों की तरह
ज़ख़्म हर पीठ पे हर जिस्म पे बरसाते हुए
या किसी टूट के गिरती हुई बिजली की तरह
बाग़ पर, खेतों पे, खलियानों पे लहराते हुए
जुल्म की तरह निडर, रात की मानिंद तवील[4]
कोढ़ की तरह सफ़ेद
ख़शमगीं[5], जैसे जहन्नुम में दहकती हुई आग
गर्म तलवार की मानिंद कलेजों पे रवाँ[6]
माओ के दूध भरे सीनों पे बैठे हुए नाग
कैसे भूलूँ कि वही हाथ वही साँप हैं ये
डस चुके हैं जो मोहब्बत को, तमन्नाओं को
जिनकी फुँकारों ने बिस[7] घोल दिया पानी में
जिनकी परछाईं ने झुलसा दिया सहराओं को[8]
हाँ वही हाथ वही ख़ून में डूबे हुए हाथ
क़त्लो-ग़ारत[9] के इरादों ने जना है[10] जिनको
असलहा-साज़[11] मशीनों के तराशे हुए हाथ
मौत का रूप मुनाफ़अ ने दिया है जिनको
आह! इन हाथों से मैं हाथ मिलाऊँ क्योंकर
अपनी नफ़रत को, हिक़ारत[12] को, छुपाऊँ क्योंकर

तोड़ दो, काट दो, या आग लगा दो इनको
बन पड़े जैसे भी गर्दन से हटा दो इनको।

---

1. सफ़्फ़ाको-दराज़ = क्रूर और लम्बे। 2. सितम-पेशा = अत्याचारी। 3. खोशे गेहूँ के = गेहूँ की बालें। 4. रात की मानिंद तवील = रात की भाँति लम्बे। 5. ख़श्मगीं = क्रुद्ध। 6. कलेजों पे रवाँ = चलायमान। 7. फुँकारों ने बिस = विष। 8. सहराओं को = मरुस्थलों को। 9. क़त्लो-ग़ारत = हत्या और विनाश। 10. जना है = उत्पन्न किया है। 11. असलहा-साज़ = हथियार बनाने वाली। 12. हिक़ारत = घृणा।

●

हुस्ने-नातमाम[1]

किस क़दर शादाबो-दिलकश[2] है वो हुस्ने-नातमाम,
जिसकी फ़ितरत ग़ुन्चगी[3], दोशीज़गी[4] है जिसका नाम।

जिस तरह पिछले पहर का साफ़ो-पाकीज़ा उफ़क़[5],
जिसके सीने से अभी पहली किरन फूटी नहीं।

जिस तरह इक खिलने वाली नाशगुफ़्ता[6] सी कली,
जिसके दामन तक अभी बादे-सहर[7] पहुँची नहीं।

बर्गे-गुल[8] पर जिस तरह शबनम की इक नन्ही सी बूँद,
जो शुआ़-ए-मेहरे-ताबाँ से[9] अभी उल्झी नहीं।

जिस तरह साग़र में[10] सहबा[11] जैसे मीना में[12] शराब,
जो अभी मचली नहीं, छलकी नहीं, उबली नहीं।

जिस तरह इक शोख़ बिजली बादलों की आड़ में,
जो अभी तड़पी नहीं, चमकी नहीं, टूटी नहीं।

जिस तरह गेंसू-ए-पेचाँ[13] जैसे ज़ुल्फ़ें-ख़म-ब-ख़म[14],
जो अभी खुलकर हवा के दोश पर[15] महकी नहीं।

जिस तरह दरिया में मोती, जैसे मौज़ों में सदफ़[16],
चश्मे-इन्साँ ने[17] अभी जिनकी चमक देखी नहीं।

जैसे ज़हने-पाके-शायर में[18] तख़य्युल की[19] परी,
जो अभी तक शीशा-ए-अल्फ़ाज़ में[20] उतरी नहीं।

जिस तरह आँखों में हल्के से तबस्सुम की[21] झलक,
जो किरन बनकर लबो-रुख़्सार पर[22] बिखरी नहीं।

अब तलक यूँही अछूता है वो हुस्ने-नातमाम,
जिसकी फ़ितरत गुन्चगी, दोशीज़गी है जिसका नाम।

लेकिन इक दिन हर सदफ़ को टूट जाना चाहिए।
हर कली को फूल बनकर मुस्कराना चाहिए॥

---

1. हुस्ने-नातमाम = अपूर्ण सौन्दर्य। 2. शादाबो-दिलकश = मनोहर। 3. गुन्चगी = कली की-सी प्रकृति। 4. दोशीज़गी = कौमार्य। 5. साफ़ो-पाकीज़ा उफ़क़ = स्वच्छ तथा पवित्र क्षितिज। 6. नाशगुफ़्ता = बिन खिली। 7. बादे-सहर = प्रभात-समीर। 8. बर्गे-गुल = फूल की पत्ती। 9. शुआ-ए-मेहरे-ताबाँ = प्रकाशमान सूरज की किरण से। 10. साग़र में = प्याले में। 11. सहबा = शराब। 12. मीना में = सुराही में। 13-14. गेंसू-ए-पेचाँ, ज़ुल्फ़ें-ख़म-ब-ख़म = पेचदार केश। 15. दोश पर = कन्धे पर। 16. सदफ़ = सीप। 17. चशमे-इन्साँ ने = मानव-नेत्रों ने। 18. ज़हने-पाके-शायर में = शायर के पवित्र मस्तिष्क में। 19. तख़य्युल की = कल्पना की। 20. शीशा-ए-अल्फ़ाज़ में = शब्दों के शीशे (बोतल या सुराही) में। 21. तबस्सुम की = मुस्कराहट। 22. लबो-रुख़्सार पर = होंठों और कपोलों पर।

●

ग़ज़ल - 1

इश्क़ का नग़्मा जुनूँ के साज़ पर गाते हैं हम।
अपने ग़म की आँच से पत्थर को पिघलाते हैं हम॥

जाग उठते हैं तो सूली पर भी नींद आती नहीं।
वक़्त पड़ जाये तो अंगारों पे सो जाते हैं हम॥

ज़िन्दगी को हमसे बढ़कर कौन कर सकता है प्यार।
और अगर मरने पे आ जायें तो मर जाते हैं हम॥

दफ़्न होकर ख़ाक में भी दफ़्न रह सकते नहीं।
लाला-ओ-गुल[1] बन के वीरानों पे छा जाते हैं हम॥

हम कि करते हैं चमन में एहतमामे-रंगो-बू[2]।
रू-ए-गेती[3] से नक़ाबे-हुस्न[4] सरकाते हैं हम॥

अक्स[5] पड़ते ही सँवर जाते हैं चेहरे के नुकूश[6]।
शाहिदे-हस्ती[7] को यूँ आईना दिखलाते हैं हम॥

मैकशों को मुज़दा[8] सदियों के प्यासों को नवेद[9]।
अपनी महफ़िल अपना साक़ी लेके अब आते हैं हम॥

---

1. लाला-ओ-गुल = फूल। 2. एहतमामे-रंगो-बू = रंग और सुगन्धि का प्रबन्ध। 3. रू-ए-गेती = सृष्टि के मुख पर से। 4. नक़ाबे-हुस्न = सौन्दर्य का पर्दा। 5. अक्स = प्रतिबिम्ब। 6. नुकूश = नैन-नक्श। 7. शाहिदे-हस्ती = जीवनरूपी प्रेयसी। 8-9. मुज़दा, नवेद = शुभ-सूचना।

●

ग़ज़ल - 2

तुम्हारे एजाज़े-हुस्न की[1] मेरे दिल पे लाखों इनायतें[2] हैं।
तुम्हारी ही देन मेरे ज़ौक़े-नज़र की[3] सारी लताफ़तें[4] हैं॥

जवाँ है सूरज, जबीं पे जिसके तुम्हारे माथे की रोशनी है।
सहर हसीं है कि उसके रुख़ पर[5] तुम्हारे रुख़ की सबाहतें[6] हैं॥

मैं जिन बहारों की परवरिश कर रहा हूँ ज़िन्दाने-ग़म[7] में हमदम[8]।
किसी के गेसू-ओ-चश्मे-रुख़्सारो-लब[9] की रंगी हिकायतें[10] हैं॥

न जाने छलकाये जाम कितने, न जाने कितने सुबू उछाले।
मगर मेरी तिश्नगी[11] कि अब भी तेरी नज़र से शिकायतें हैं॥

मैं अपनी आँखों में सैले-अश्के-रवाँ[12] नहीं बिजलियाँ लिये हूँ।
जो सर-बुलंद और ग़यूर[13] हैं अहले-ग़म[14] ये उनकी रिवायतें[15] हैं॥

मैं रात की गोद में सितारे नहीं शरारे[16] बिखेरता हूँ।
सहर[17] के दिल में जो अपने अश्कों से बो रहा हूँ बग़ावतें हैं॥

---

1. एजाज़े-हुस्न की = सुन्दरता के चमत्कार की। 2. इनायतें = कृपायें। 3. ज़ौक़े-नज़र की = दृष्टि के सुन्दर स्तर की। 4. लताफ़तें = मृदुलतायें। 5. रुख पर = मुखड़े पर। 6. सबाहतें = सुन्दरतायें। 7. ज़िन्दाने-ग़म = दुःखपूर्ण कारागार। 8. हमदम = मित्र, साथी। 9. गेसू-ओ-चश्मे-रुख़्सारो-लब = केश, नयन, गाल और होंठ। 10. हिकायतें = कहानियाँ। 11. तिश्नगी = पिपासा। 12. सैले-अश्के-रवाँ = बहते हुए आँसुओं का तूफ़ान। 13. ग़यूर = मनस्वी। 14. अहले-ग़म = पीड़ित। 15. रिवायतें = परम्पराएँ। 16. शरारे = चिंगारियाँ। 17. सहर = प्रभात।

■

कैफ़ी आज़मी

[19 जनवरी 1919 - 10 मई 2002]

की है कोई हसीन ख़ता हर ख़ता के साथ
थोड़ा-सा प्यार भी मुझे दे दो सज़ा के साथ।

अख़्तर हुसैन रिजवी उर्फ कैफ़ी आज़मी का जन्म 19 जनवरी 1919 को आजमगढ़ जिले के मेज़वाँ गाँव में हुआ था। उनके पिता का नाम सय्यद फ़तह हुसैन रिज़वी था। घर में शेरो-शायरी का अच्छा-खासा माहौल था। उनके बड़े भाई और पिता भी शायरी से काफी लगाव रखते थे। उनकी पत्नी का नाम शौकत कैफ़ी था। प्रोग्रेसिव राइटर्स एसोसिएशन के संस्थापक सज्जाद ज़हीर के ड्राइंग रूम में मुम्बई में उनकी शादी हुई थी। उनकी जीवनसाथी शौतक कैफ़ी ने उन्हें इसलिए पसन्द किया था कि वे बहुत बड़े शायर थे। शौकतजी ने अपनी माँ की मर्ज़ी के ख़िलाफ़ अपने प्रगतिशील पिता के साथ औरंगाबाद से मुम्बई आकर कैफ़ी से शादी कर ली थी। कैफ़ी आज़मी बहुत ही संवेदनशील इन्सान थे। बचपन से ही वे सारी दुनिया की तक़लीफ़ों को ख़त्म कर देने वाली जमात में शामिल हो गये थे। कैफ़ी में जन्मजात काव्य-प्रतिभा थी। एक मिसरे की पूर्ति के लिए उन्होंने 12 साल की उम्र में जो ग़ज़ल कही वह अमर हो गयी—

इतना तो ज़िन्दगी में किसी की खलल पड़े
हँसने से हो सुकून, न रोने से कल पड़े।

उनके पिता ने उनको तुरन्त एक पारकर पेन और एक शेरवानी देने के साथ उनका उपनाम 'कैफ़ी' रखा। तभी से वे कैफ़ी आज़मी हो गये। उनकी तीन प्रमुख कृतियाँ प्रकाशित हुईं। आखिरी शब, झंकार और आज़ाद सज्दे। उन्होंने तमाम फिल्मों में गीत लिखे, जिसके लिए उन्हें नेशनल पुरस्कार के अलावा फिल्मफेयर अवार्ड भी मिला। इस क़लम के सिपाही ने 10 मई 2002 को इस दुनिया को अलविदा कह दिया।

कैफ़ी आज़मी एक व्यक्ति न होकर एक पूरा युग हैं। उनके क़लाम ज़िन्दगी के बारे में सबसे ज़्यादा ताकतवर आवाज़ देते हैं। उनमें कहीं झूठ-फरेब नहीं मिलता इसलिए वे आज भी उतनी ही ज़्यादा असरदार हैं। मशहूर लेखक और पत्रकार खुशवन्त सिंह ने कैफ़ी आज़मी को 'आज की उर्दू शायरी का बादशाह' करार दिया है और सचमुच वे हैं भी। उन्होंने जो कुछ लिखा है, वह आम आदमी

की तक़लीफ़ों को न सिर्फ़ बड़े प्रभावी शब्दों में सामने रखता है बल्कि उन्हें अपने हक़ के लिए लड़ने की ताकत भी देता है। साथ ही उर्दू शायरी के प्रमुख विषय हुस्न और इश्क़ के लिए एक से बढ़कर एक नज़राने भी पेश करता है। उन्होंने फिल्मों के लिए भी बहुत से गीत लिखे जो आम और खास दोनों द्वारा बहुत पसन्द किये गये।

कैफ़ी आज़मी उस पीढ़ी की एक बड़ी जमात के लिए प्रेरणास्रोत थे। सामन्ती मानसिकता से ग्रसित उस समाज में कैफ़ी की प्रसिद्ध नज़्म 'औरत' बहुत प्रसिद्ध हुई। जब यह नज़्म चालीस के दशक में लिखी गयी जो उस वक़्त की क्रान्तिकारी नज़्मों में से एक थी। उस समय औरत को मर्द के बराबर दर्ज़ा देना बहुत बड़ी बात थी। कैफ़ी आज़मी दोस्ती के मामले में बहुत ही खुशकिस्मत रहे। उन्हें हमेशा ही बेहतरीन दोस्त मिले। मुम्बई में इप्टा के दिनों में उनके दोस्तों की फेहरिस्त में जो लोग थे वे बाद में बहुत बड़े नामी कलाकार के रूप में जाने गये। इप्टा में ही उन्होंने किशन चन्दर, मजरूह सुलतानपुरी, साहिर लुधियानवी, बलराज साहनी, मोहन सहगल, मुल्कराज आनन्द, रोमेश थापर, शैलेन्द्र, प्रेम धवन, इस्मत चुगताई, ए०के० हंगल, हेमन्त कुमार, सलिल चौधरी जैसे कम्युनिस्टों के साथ काम किया। बीसवीं सदी की कुछ बेहतरीन फिल्मों के लिए कैफ़ी साहब ने गीत लिखे। हीर-राँझा में चेतन आनन्द ने सारे संवाद कविता में पेश करना चाहा और क़ैफी ने उसे लिखा। क़ैफी ने अनेक फिल्मों में गीत लिखे, जिनमें काग़ज़ के फूल, मंथन, कोहरा, सात हिन्दुस्तानी, बावर्ची, पाकीज़ा, हँसते ज़ख़्म, अर्थ, रजिया सुलतान आदि महत्त्वपूर्ण हैं।

कैफ़ी अपने समकालीनों में इस दृष्टि से भी महत्त्वपूर्ण हैं कि उन्होंने अपने शब्दों में जीवन-व्यवहार से अर्थ भरा। वह जनता के हित में सिर्फ़ लिखते ही नहीं थे, अन्याय-अत्याचार व साम्प्रदायिकता के विरुद्ध सिर्फ शायरी ही नहीं करते थे, सीधे-सीधे जनान्दोलनों में शामिल भी होते थे। बाबरी मस्जिद के विध्वंस के बाद साम्प्रदायिक एकता के लिए काशी से मगहर यात्रा में कैफ़ी साहब अपनी पत्नी शौक़त आज़मी के साथ शामिल थे। उस यात्रा में संयोग से मैं भी था। मगहर में जब सभा चल रही थी, रात हो गयी थी और अचानक तेज आँधी-तूफान के कारण पाण्डाल गिर गया। सभी लोग भागकर बाहर आ गये किन्तु कैफ़ी साहब उसी में रह गये थे जिन्हें गाड़ियों की लाइट जलाकर मुश्किल से बाहर निकाला गया। उन दिनों वे अस्वस्थ भी थे। यह संस्कार उनके बच्चों में भी है।

●

कैफ़ी आज़मी की शायरी

प्यार का जश्न

प्यार का जश्न नई तरह मनाना होगा
ग़म किसी दिल में सही, ग़म को मिटाना होगा

काँपते होंठों पे पैमान-ए-वफ़ा[1] क्या कहना
तुझ को लाई है कहाँ लग्ज़िश-ए-पा[2] क्या कहना
मेरे घर में तिरे मुखड़े की ज़िया[3] क्या कहना
आज हर घर का दिया मुझ को जलाना होगा

रूह[4] चेहरों पे धुँआ देख के शर्माती है
झेंपती झेंपती सी मिरे लब[5] पे हँसी आती है
तेरे मिलने की ख़ुशी दर्द बनी जाती है
हम को हँसना है तो औरों को हँसना होगा

सोई सोई हुई आँखों में छलकते हुए जाम
खोई खोई हुई नज़रों में मुहब्बत का पयाम[6]
लब-ए-शीरीं[7] पे मिरी तश्नः लबी[8] का इन्आम
जाने इन्आम मिलेगा के चुरना होगा

मेरी गर्दन में तिरी संदली बाँहों का यह हार
अभी आँसू थे इन आँखों में अभी इतना ख़ुमार[9]
मैं न कहता था मिरे घर में भी आयेगी बहार
शर्त इतनी थी कि पहले तुझे आना होगा

---

1. पैमान-ए-वफ़ा = वफ़ा का प्रण। 2. लग्ज़िश-ए-पा = पैरों का कम्पन, विचलन। 3. ज़िया = प्रकाश। 4. रूह = आत्मा। 5. लब = होंठ। 6. पयाम = सन्देश। 7. लब-ए-शीरी = मीठे ओंठ। 8. लबी = प्यासे होंठ। 9. ख़ुमार = नशा।

●

नौजवान

मुज़्दः[1] मायूस वतन गोद के पाले आये
फिर सरे बज़्म[2] तिरे चाहने वाले आये
साज़िशें[3] देख के ज़ुल्मत[4] के उजाले आये
तिश्ना होंठों[5] की तरफ़ उड़ के प्याले आये
उन्हीं जकड़े हुए हाथों में उठाले हम को
कभी आँखों कभी होठों से लगा ले हम को

बस्तियों में कोई रौनक़ है न मैदानों में
गुलिस्ताँ[6] ख़ाक बसर[7] फिरते हैं वीरानों में
ख़ार[8] ही ख़ार हैं ता'मीर[9] के गुलदानों में
क़हत[10] के ढेर लगा रखे हैं खलियानों में
कभी काटे थे अँगूठे तिरे अय्यारी[11] ने
आज बाजू भी क़लम कर दिये बेकारी ने

बिजलियाँ निज़्द-ए-नशेमन[12] हैं ख़बर है के नहीं
दोस्त की शक़्ल के दुश्मन हैं ख़बर है के नहीं
कुछ फुसूँ[13] गर पसे चिल्मन[14] हैं ख़बर है के नहीं
और कुछ दस्त बः दामन[15] हैं ख़बर है के नहीं
दे के इम्दाद[16] कोई फिर न दग़ा[17] दे तुझ को
यह चराग़-ए-तह-ए-दामाँ[18] न जला दे तुझ को

हम बसायेंगे सजायेंगे सँवारेंगे तुझे
हर मिटे नक़्श को चमका के उभारेंगे तुझे
अपनी शह रग का लहू दे के निखारेंगे तुझे
दार पर चढ़ के फिर इक बार पुकारेंगे तुझे
राह अग़ियार[19] की देखें यह भले तौर नहीं
हम भगत सिंह के साथी हैं कोई और नहीं

हम वो दीपक हैं जो आँधी में जला करते हैं
हम वोह गुन्चे[20] हैं जो बिजली पे हँसा करते हैं
दर्द बन के दिल-ए-गीती[21] में उठा करते हैं
उठ के आईन-ए-फ़ुग़ाँ[22] तोड़ दिया करते हैं

जुल्मत-ए-ग़म[23] में चमक उठते है तारों की तरह
दौड़ जाते हैं फ़िज़ाओं में शरारों[24] की तरह
ज़िन्दगी हम से सदा शो'ला जवानी माँगे
इल्म-ओ-हिक्मत का ख़ज़ाना हम:दानी[25] माँगे
ऐसी ललकार के तलवार भी पानी माँगे
ऐसी रफ़्तार के दरिया भी रवानी[26] माँगे
जोश सीनों में भड़कता है ज्वाला जैसे
इत्तिहाद इतना मुनज़्ज़म[27] है हिमाला जैसे
भूख ने प्यास ने, इफ़्लास[28] ने पाला है हमें
कभी बहके हैं तो फ़ाक़ों[29] ने सँभाला है हमें
जब्र[30] ने आहनी तंज़ीम[31] में ढाला है हमें
झोंपड़े फूँक के मैदाँ में निकाला है हमें
आज हर मोड़ पे लिखेंगे कहानी अपनी
अपनी धरती में समो देंगे जवानी अपनी

---

1. मुज़्द = धन्यवाद, शुभ समाचार। 2. बज़्म = सभा में। 3. साजिशें = षड्यन्त्र। 4. जुल्मत = अन्धकार। 5. तिश्ना होंठों = प्यासे होंठ। 6. गुलिस्ताँ = बाग़, उद्यान। 7. बसर = बिताना। 8. ख़ार = काँटे। 9. ता'मीर = निर्माण। 10. क़हत = अकाल। 11. अय्यारी = छल-कपट। 12. निज़्द-ए-नशेमन = घर के निकट। 13. फुसूँ = माया लोभी। 14. चिल्मन = पर्दे में। 15. दस्त ब: दामन = हाथ दामन। 16. इम्दाद = सहायता। 17. दग़ा = धोखा। 18. चराग़-ए-तह-ए-दामाँ = जाल में फँसा हुआ। 19. अग़ियार = अन्य, ग़ैर, दूसरे। 20. गुन्चे = फूल। 21. दिल-ए-गीती = दिल की दुनिया का संसार। 22. आईन-ए-फुग़ाँ = विलाप का नियम। 23. जुल्मत-ए-ग़म = दु:खी अँधियारा। 24. शरारों = चिंगारी। 25. हम:दानी = सर्वज्ञता। 26. रवानी = प्रवाह, वेग, तीव्रता। 27. मुनज़्ज़म = संगठित। 28. इफ़्लास = निर्धनता। 29. फ़ाक़ों = व्रत, भूख। 30. जब्र = हिंसा। 31. तंज़ीम = लौह संगठन।

●

एक लम्हा!

ज़िन्दगी[1] नाम है कुछ लम्हों[2] का
और उन में भी वही एक लम्हा
जिसमें दो बोलती आँखें
चॉय की प्याली से जब उठीं
तो दिल में डूबीं
डूब के दिल में कहीं
आज तुम कुछ न कहो
आज मैं कुछ न कहूँ
बस यूँही बैठे रहो
हाथ में हाथ लिये
ग़म[3] की सौग़ात[4] लिये
गर्मी-ए-जज़्बात[5] लिये
कौन जाने के उसी लम्हे में
दूर पर्वत पे कहीं
बर्फ़ पिघलने ही लगे

---

1. ज़िन्दगी = जीवन। 2. लम्हों = क्षण, पल। 3. ग़म = दुःख। 4. सौग़ात = भेंट, उपहार। 5. गर्मी-ए-जज़्बात = भावों की गर्मी।

●

चराग़ाँ

एक दो भी नहीं छब्बीस दिये
एक इक करके जलाये मैंने

इक दिया नाम का आज़ादी[1] के
उसने जलते हुए होंठों से कहा
चाहे जिस मुल्क[2] से गेहूँ माँगो
हाथ फैलाने की आज़ादी है

इक दिया नाम का ख़ुशहाली[3] के
उस के जलते ही यह मालूम हुआ
कितनी बदहाली[4] है
पेट ख़ाली है मिरा, जेब मिरी ख़ाली है

इक दिया नाम का यकजिहती[5] के
रौशनी उस की जहाँ तक पहुँची
क़ौम को लड़ते झगड़ते देखा
माँ के आँचल में हैं जितने पैबंद[6]
सब को इक साथ उधड़ते देखा
दूर से बीवी ने झल्ला के कहा
तेल महँगा भी है मिलता भी नहीं
क्यों दिये इतने जला रक्खे हैं
अपने घर में न झरोका न मुण्डेर
ताक़[7] सपनों के सजा रक्खे हैं
आया गुस्से का इक ऐसा झोंका
बुझ गये सारे दिये—
हाँ मगर एक दिया नाम है जिसका उम्मीद
झिलमिलाता ही चला जाता है

---

1. आज़ादी = स्वतन्त्रता। 2. मुल्क = देश। 3. ख़ुशहाली = समृद्धि। 4. बदहाली = दुर्दशा। 5. यकजिहती = एकता। 6. पैबंद = जोड़। 7. ताक़ = ख़ाने।

●

फ़रग़ाना[1]

यही तोहफ़ा है यही नज़राना
मैं जो आवारा नज़र लाया हूँ
रंग में तेरे मिलाने के लिये
क़त्र:-ए-ख़ून-ए-जिगरे[2] लाया हूँ
ऐ गुलाबों के वतन

पहले कब आया हूँ कुछ याद नहीं
लेकिन आया था क़सम खाता हूँ
फूल तो फूल हैं काँटों पे तिरे
अपने होठों के निशाँ पाता हूँ
मेरे ख्वाबों के वतन

चूम लेने दे मुझे हाथ अपने
जिन से तोड़ी हैं कई ज़ंजीरें
तूने बदला है मशिय्यत[3] का मिज़ाज[4]
तूने लिखी हैं नई तक़्दीरें[5]
इन्क़िलाबों के वतन

फूल के बाद नये फूल खिलें
कभी ख़ाली न हो दामन[6] तेरा
रौशनी रौशनी तेरी राहें[7]
चाँदनी चाँदनी आँगन तेरा
माहताबों[8] के वतन

---

1. फ़रग़ाना = उज़बेकिस्तान का नगर जहाँ बाबर ने जन्म लिया था। 2. क़त्र:-ए-ख़ून-ए-जिगरे = ख़ून व जिगर की बूँद। 3. मशिय्यत = इच्छा। 4. मिज़ाज = स्वभाव। 5. तक़्दीरें = भाग्य। 6. दामन = गोद, अंक। 7. राहें = पथ। 8. माहताबों = चन्द्रमाओं।

■

मजरूह सुलतानपुरी

[1919 - जून 2000]

मैं अकेला ही चला था जानिबे-मंज़िल मगर
लोग साथ आते गये और कारवाँ बनता गया।

बीसवीं सदी में जिन शायरों ने ग़ज़ल की रूढ़िगत परम्पराओं में परिवर्तन लाने के सफल प्रयत्न किये उनमें मजरूह सुलतानपुरी का नाम उल्लेखनीय है। उर्दू ग़ज़ल के शयनागार में वह एक सिमटी सिमटायी लजीली दुल्हन की तरह नहीं बल्कि एक निडर और बेबाक दूल्हे की तरह दाखिल होते हैं। उनके सम्बन्ध में काजी अब्दुल गफ्फार लिखते हैं कि "हिन्दोस्ताँ की नौजवान नस्ल के आतिशखाने से चिंगारियाँ निकल रही हैं, उनमें एक बहुत रौशन चिंगारी मजरूह सुलतानपुरी हैं।" 1919 ई० में जिला आजमगढ़ के एक कस्बे निज़ामाबाद में जन्मे पुलिस कॉन्स्टेबल के बेटे मजरूह सुल्तानपुरी हकीम बनते-बनते संयोग से शायर बन गये। उन्होंने अपनी इब्दिताई तालीम (उर्दू, फ़ारसी, अरबी) वहीं निज़ामाबाद में हासिल की। 1930 ई० में वे आज़मगढ़ से फैज़ाबाद आकर अरबी दर्स निजामिया की तकमील (पूर्ति) करनी चाही लेकिन कर नहीं सके। इलाहाबाद विश्वविद्यालय के अरबी इम्तिहानों को पास करने की कोशिश की ताकि किसी स्कूल में उन्हें शिक्षक की नौकरी मिल सके लेकिन उन्हें भी पूरा नहीं कर सके। उसके बाद वे चिकित्साशास्त्र की पढ़ायी के लिए लखनऊ गये और वहाँ अरबी भाषा में चिकित्साशास्त्र की पढ़ायी पूरी की। कुछ महीनों तक चिकित्सक के रूप में कार्य भी किया लेकिन उस समय सुलतानपुर में कुछ शेरो-अदब की भी चर्चा हो रही थी इसलिए उनका भी झुकाव कुछ इस तरफ हो गया और उनमें शेर कहने का शौक पैदा हुआ। 1945 में एक मुशायरे के सिलसिले में बम्बई गये और वहीं फिल्मों के गीत वग़ैरह लिखने लगे। पचास से ज्यादा सालों तक हिन्दी फिल्मों के लिए उन्होंने गीत लिखे। जिन फिल्मों के लिए उन्होंने गीत लिखे उनमें से कुछ के नाम हैं—सी०आई०डी०, चलती का नाम गाड़ी, नौ दो ग्यारह, पेइंग गेस्ट, काला पानी, तुम सा नहिं देखा, दिल देके देखो, दिल्ली का ठग इत्यादि। पण्डित नेहरू की नीतियों के खिलाफ एक जोशीली कविता लिखने के कारण उनको सवा साल जेल में रहना पड़ा। 1994 ई० में उन्हें फिल्म जगत् के सर्वोच्च सम्मान 'दादा साहब फाल्के पुरस्कार' से सम्मानित किया गया। इससे पूर्व 1980 ई० में उन्हें गालिब अवार्ड और

1992 ई० में इकबाल अवार्ड प्राप्त हुए थे। वे जीवन के अन्त तक फिल्मों से जुड़े रहे। जून 2000 में उनका देहान्त हो गया।

मजरूह सुलतानपुरी का नाम उन प्रगतिशील शायरों में भी शुमार है जिन्होंने कम, मगर बहुत अच्छा कहा। पारम्परिक ग़ज़ल को उन्होंने नया रूप दिया और इसके लिए उन्हें कड़ी तपस्या करनी पड़ी। शिक्षा के अभाव के बावजूद उन्होंने राजनीतिक बोध की प्राप्ति और सामाजिक विकास और गति के नियमों को समझने के लिए घोर परिश्रम किया, तब जाके उनकी शायरी में उस यथार्थवादी की झलक आ पायी है जिसके बिना कोई शायर बड़ा शायर नहीं कहला सकता। यथा—

बचा लिया मुझे तूफ़ाँ की मौज ने वर्ना
किनारे वाले सफीना मेरा डुबो देते

'मजरूह' में हमें न केवल ग़ज़ल की प्राचीन परम्पराओं का उत्तराधिकारी नज़र आता है बल्कि उनके यहाँ हमें ऐतिहासिक सच्चाइयों की भी बड़ी सुन्दर झलक मिलती है। खिजाँ, बहार, साकी, महफ़िल, शराब, पैमाना, गुल, गुलिस्ताँ, सय्याद इत्यादि परम्परागत प्रतीकों द्वारा मजरूह ने बड़े कौशल से अपना काम निकाला है। उन्होंने आवश्यकतानुसार शायरी के इन प्रचलित शब्दों में कुछ नये शब्द मिलाकर और भी रंगीनी और खूबसूरती पैदा करने की कोशिश की है। अन्तत: कहा जा सकता है कि आधुनिक उर्दू ग़ज़ल के इस क्रान्तिकारी शायर ने जो अपने जीवन में एक अच्छा शायर होने के साथ एक अच्छा इन्सान भी था, अपनी काबिलियत के दम पर उर्दू साहित्य में अपनी अलग पहचान बनायी।

●

मजरूह सुल्तानपुरी की शायरी

1

मुझे सहल हो गईं मंज़िलें, वो हवा के रुख़ भी बदल गये
तेरा हाथ हाथ में आ गया कि चिराग़ राह में जल गये

वो लजाये मेरे सवाल पर कि उठा सके न झुका के सर
उड़ी ज़ुल्फ़ चेहरे पे इस तरह कि शबों के[1] राज़[2] मचल गये

वही बात जो न वो कह सके मेरे शे'र-ओ-नग़्मा में आ गई
वही लब[3] न मैं जिन्हें छू सका क़दहे-शराब में[4] ढल गये

तुझे चश्मे-मस्त[5] पता भी है कि शबाब[6] गर्मी-ए-बज़्म[7] है
तुझे चश्मे-मस्त ख़बर भी है कि सब आबगीने पिघल गये

उन्हें कब के रास भी आ चुके तेरी बज़्मे-नाज़ के हादिसे
अब उठे कि तेरा नज़र फिरे जो गिरे थे गिर के सँभल गये

मेरे काम आ गईं आख़िरश[8] यही काविशें[9] यही गर्दिशें[10]
बढ़ीं इस क़दर मेरी मंज़िलें कि क़दम के[11] ख़ार[12] निकल गये

---

1. शबों के = रातों के। 2. राज़ = भेद। 3. लब = होंठ। 4. क़दहे-शराब में = शराब के प्याले में। 5. चश्मे-मस्त = मस्त आँख। 6. शबाब = यौवन। 7. गर्मी-ए-बज़्म = महफ़िल की गर्मी। 8. आख़िरश = अन्ततः। 9. काविशें = प्रयत्न। 10. गर्दिशें = चक्कर। 11. क़दम के = पाँव के। 12. ख़ार = काँटे।

●

2

आ निकल के मैदाँ में दोरुख़ी के[1] ख़ाने से
काम चल नहीं सकता अब किसी बहाने से

अहदे-इन्क़िलाब[2] आया, दौरे-आफ़ताब[3] आया
मुन्तज़िर थीं ये आँखें जिसकी इक ज़माने से

अब ज़मीन गाएगी हल के साज़ पर नग़मे
वादियों में नाचेंगे हर तरफ़ तराने-से

अहले-दिल उगायेंगे ख़ाक से महो-अंजुम[4]
अब गुहर[5] सुबक[6] होगा जौ के एक दाने से

मनचले बुनेंगे अब रंगो-बू के पैराहन[7]
अब सँवर के निकलेगा हुस्न कारख़ाने से

आ़म होगा अब हमदम सब पे फ़ैज़[8] फ़ितरत का
भर सकेंगे अब दामन हम भी इस खज़ाने से

सुनते हम तो क्या सुनते इक बुजुर्ग की बातें
सुबह को इलाक़ा[9] क्या शाम के फ़साने से

मैं कि एक मेहनतकश, मैं कि तीरगी-दुश्मन
सुबहे-नौ इबारत है मेरे मुस्कराने से[10]

---

1. दोरुख़ी के = दुरंगी के। 2. अहदे-इन्क़िलाब = क्रान्ति-काल। 3. दौरे-आफ़ताब = सूरज का युग। 4. महो-अंजुम = चाँद-सितारे। 5. गुहर = मोती। 6. सुबक = हल्का, अल्प मूल्य का। 7. पैराहन = रंग और सुगन्धि के लिबास। 8. फ़ैज़ = अनुकम्पा। 9. इलाक़ा = सम्बन्ध। 10. सुबहे-नौ इबारत है मेरे मुस्कराने से = मेरे मुस्कराने से नई सुबह हो जाती है।

●

3

दुश्मन की दोस्ती है अब अहले-वतन के[1] साथ
है अब ख़िज़ाँ चमन में नये पैरहन[2] के साथ

सर पर हवा-ए-जुल्म[3] चले सौ जतन के साथ
अपनी कुलाह[4] कज है[5], उसी बाँकपन के साथ

बहकर ज़मीं पे है अभी गर्दिश में ख़ूँ मेरा
क़तरे वो फूल बनते हैं ख़ाके-वतन के साथ

किसने कहा कि टूट गया ख़ंजरे-फ़रंग[6]
सीने पे ज़ख़्मे-नौ[7] भी है दाग़े-कुहन के[8] साथ

झोंके जो लग रहे हैं नसीमे-बहार के[9]
जुंबिश में[10] है क़फ़स[11] भी असीरे-चमन[12] के साथ

'मजरूह' क़ाफ़िले की मेरे दास्ताँ है ये
रहबर[13] ने मिल के लूट लिया राहज़न[14] के साथ

---

1. अहले-वतन के = देशवासियों के। 2. पैरहन = लिबास। 3. हवा-ए-जुल्म = अत्याचारों की हवा। 4. कुलाह = टोपी। 5. कज है = टेढ़ी है। 6. ख़ंजरे-फ़रंग = फ़रंगी (अंग्रेज़) का खंजर। 7. ज़ख़्मे-नौ = नया घाव। 8. दाग़े-कुहन के = पुराने दाग़ के। 9. नसीमे-बहार के = वसन्त-पवन के। 10. जुंबिश में = हरकत में। 11. क़फ़स = पिंजरा (कारागार)। 12. असीरे-चमन = बाग़ (अर्थात् देश) के क़ैदी। 13. रहबर = पथ-प्रदर्शक। 14. राहज़न = डाकू।

●

4

हम हैं मताअ़-ए-कूचा-ओ-बाज़ार की[1] तरह
उठती है हर निगाह ख़रीदार की तरह

इस कू-ए-तशनगी[2] में बहुत है कि एक जाम
हाथ आ गया है दौलते-बेदार की[3] तरह

वो तो कहीं है और, मगर दिल के आस-पास
फिरती है कोई शै निगहे-यार[4] की तरह

सीधी है राहे-शौक़[5], पे यूँही कहीं-कहीं
ख़म हो गई है गेसु-ए-दिलदार[6] की तरह

अब जा के कुछ खुला, हुनरे-नाख़ुने-जुनूँ[7]
ज़ख़्मे-जिगर हुए लब-ओ-रुख़सार की[8] तरह

'मजरूह' लिख रहे हैं वो अहले-वफ़ा का[9] नाम
हम भी खड़े हुए हैं गुनहगार की तरह

---

1. मताअ्-ए-कूचा-ओ-बाज़ार की = गली-कूचे में बिकने वाली चीज़ों की। 2. कू-ए-तशनगी = प्यास की गली। 3. दौलते-बेदार की = जागते धन की। 4. निगहे-यार = प्रेयसी की नज़र। 5. राहे-शौक़ = प्रेम मार्ग। 6. गेसु-ए-दिलदार = प्रेयसी के केशों की तरह। 7. हुनरे-नाख़ुने-जुनूँ = उन्मादरूपी नाख़ून की कारीगरी। 8. लब-ओ-रुख़सार की = होठों और कपोलों की। 9. अहले-वफ़ा का = वफ़ादारों का।

●

5

ये माना दिल जिसे ढूँडे बड़ी मुश्किल से मिलता है
मगर जो ठोकरें खाए वही मंज़िल से मिलता है

चलो बैठे हो क्या बेकार क़िस्मत के दोराहे पर
वही रस्ता है सीधा जो तुम्हारे दिल से मिलता है

अगर दुश्मन कोई तूफ़ाँ उठाये भी तो क्या परवा
सफ़ीना[1] रौंदकर तूफ़ान को साहिल से मिलता है

ये माना दिल जिसे ढूँडे बड़ी मुश्किल से मिलता है!

---

1. सफ़ीना = नाव

●

6

कहीं ताक़त के पंजे में कलाई बदनसीबों की
कहीं दौलत की बाहों में बहू-बेटी ग़रीबों की
कोई ज़ालिम है कोई बेसहारा देखते जाओ
जहाँ वालो! इसे कहते हैं दुनिया देखते जाओ
ये दुनिया देखते जाओ!

भरे हैं ग़म के आँसू आँख में और बह नहीं सकते
तुम्हारे सामने लुटते हैं हम और कह नहीं सकते
न देखा हो तो आओ ये तमाशा देखते जाओ

मदद माँगी हमारी बेबसी ने धरती माता की
दुहाई दी हमारी बेकसी ने जग के दाता की
मगर सोया हुआ है जग का दाता देखते आओ
जहाँ वालो! इसे कहते हैं दुनिया देखते जाओ

■

साहिर लुधियानवी

[1921 - 26 अक्टूबर 1980]

आज से मेरे फ़न का मकसद ज़ंजीरें पिघलाना है
आज से मैं शबनम के बदले अंगारे बरसाऊँगा।

साहिर लुधियानवी का पूरा नाम अब्दुलहयी साहिर था। उनका जन्म 1921 ई० में लुधियाना के एक जागीरदार घराने में हुआ। अपने माता-पिता की एकमात्र सन्तान होने के कारण उनका पालन-पोषण बड़े लाड़-प्यार में हुआ, लेकिन अभी वे छोटे ही थे कि उनके सुख-वैभव पर मानो किसी की नज़र लग गयी। साहिर के पिता की चौदह पत्नियाँ थीं। पति की ऐय्याशियों से तंग आकर उनकी माता साहिर को लेकर अलग हो गयीं। उसके बाद साहिर का उनके पिता से और उसकी जागीर से कोई सम्बन्ध न रहा और साथ ही जीवन की ताबड़तोड़ कठिनाइयों और निराशाओं का दौर शुरू हो गया। उन्होंने प्रेम किया किन्तु निर्धनता व साहस के अभाव और सांसारिक बन्धनों के कारण विफल रहे और इसी कारण उन्हें कॉलेज से भी निकाल दिया गया, और फिर इच्छा और स्वभाव के प्रतिकूल उन्हें अपना और अपनी 'माँजी' का पेट पालने के लिए तरह-तरह की छोटी-मोटी नौकरियाँ करनी पड़ीं। कदम-कदम पर हर्ष और विषाद में संघर्ष हुआ। यही वह संघर्ष था जिसने उन्हें एक साधारण विद्यार्थी से एकदम 'साहिर' बना दिया, और उनके मन-मस्तिष्क की सारी 'तल्खियाँ' शेरों का लिबास पहन बाहर निकल पड़ीं।

शायर की हैसियत से 'साहिर' ने उस समय आँख खोली जब 'इक़बाल' और 'जोश' के बाद 'फ़िराक़', 'फ़ैज़', 'मजाज़' जैसे शायरों की तूती बोलती थी, पर उन्होंने अपना जो विशेष लहजा और रुख अपनाया उससे न केवल उन्होंने अपनी अलग पहचान बनायी बल्कि वे शायरी की दुनिया पर छा गये।

साहिर की रचनाओं पर उनके व्यक्तिगत अनुभवों की छाप है। सांसारिक दुःखों से तपकर निकली हुई चेतना ने उन्हें मार्ग सुझाया। जो उन्होंने भोगा, सहा, उनमें किसी प्रकार का मिश्रण करने की बजाय ज्यों का त्यों प्रस्तुत कर दिया। प्रेम के दुःख-दर्द के अलावा समाज के प्रति जो विष तथा कटुता हमें उनकी शायरी में मिलती है, वह उधार की नहीं, उनके अपने ही जीवन की प्रतिध्वनि है।

अपनी प्रारम्भिक कविताओं में उन्होंने प्रेम और उसकी प्रगाढ़ता का बड़ा रोचक और मनोहर वर्णन किया है। प्रेम के सम्बन्ध में वर्ग चेतना को सामने रक्खा

है और स्वच्छन्द प्रेम में जो सामाजिक बाधाएँ पड़ती हैं उनका उल्लेख बड़े करुणाजनक और व्यंग्यपूर्ण ढंग से किया है। अन्य उर्दू के नौजवान कवियों की भाँति वे भी रोमान से क्रान्ति की ओर बढ़े हैं। वर्तमान युग के प्रगतिशील कवियों में वे अग्रगण्य हैं। प्रेम के दुःख-दर्द के अलावा समाज की विषमताओं के प्रति आक्रोश भी उनकी शायरी में मिलता है—

आज से ऐ मज़दूर किसानो! मेरे राग तुम्हारे हैं
फ़ाक़ाकश इन्सानो! मेरे जोग-बिहाग तुम्हारे हैं

उनकी उपमाएँ सुन्दर और संकेत सूक्ष्म होते हैं। कला की दृष्टि से भी वे आधुनिक काल के प्रमुख कवियों में गिने जाते हैं। उनके काव्य-संग्रह 'तलखियाँ' और 'परछाइयाँ' अनेक बार प्रकाशित हो चुके हैं। वे प्रसिद्ध उर्दू पत्र 'अदबे लतीफ' और 'शाहकार' के सम्पादक भी बने। बम्बई में फिल्म जगत् में उन्होंने कदम रखा तो वहाँ भी सफलता के परचम लहराये। फिल्मी गीतों का एक संग्रह 'गाता जाए बनजारा' भी छप चुका है। उनकी नयी पुस्तक 'आओ कि कोई ख़्वाब बुनें' पर उन्हें 'सोवियत नेहरू अवार्ड', 'उत्तर प्रदेश उर्दू अकादमी अवार्ड' और 'महाराष्ट्र स्टेट अवार्ड' भी प्राप्त हो चुके हैं। उन्हें पद्मश्री से भी सम्मानित किया गया है। ज़िन्दगी और शायरी का एकमेक करने वाले इस महान् शायर ने 26 अक्टूबर 1980 की सुबह इस संसार से सदा-सदा के लिए विदा ले ली लेकिन अपनी बेहतरीन ग़ज़लों और नज़्मों के माध्यम से लाखों लोगों के दिलों में अभी भी ज़िन्दा हैं और ज़िन्दा रहेंगे।

●

साहिर लुधियानवी की शायरी

ताजमहल

ताज तेरे लिए इक मज़हरे-उल्फ़त[1] ही सही
तुमको इस वादी-ए-रंगी[2] से अक़ीदत[3] ही सही

मेरी महबूब[4] कहीं और मिलाकर मुझसे—!

बज़्मे-शाही में[5] ग़रीबों का गुज़र, क्या मानी?
सब्त[6] जिस राह पे हों सतवते-शाही के[7] निशाँ
उस पे उल्फ़त भरी रूहों का[8] सफ़र क्या मानी?

मेरी महबूब पसे-पर्दा-ए-तश्हीरे-वफ़ा[9]
तूने सतवत[10] के निशानों को तो देखा होता
मुर्दा शाहों के मक़ाबिर से[11] बहलनेवाली!
अपने तारीक[12] मकानों को तो देखा होता

अनगिनत लोगों ने दुनिया में मोहब्बत की है
कौन कहता है कि सादिक़[13] न थे जज़्बे उनके
लेकिन उनके लिए तश्हीर[14] का सामान नहीं
क्योंकि वो लोग भी अपनी ही तरह मुफ़लिस[15] थे

ये इमारातो-मक़ाबिर[16], ये फ़सीलें, ये हिसार[17]
मुतलक़ुल्हुक्म[18] शहनशाहों की अज़मत[19] के सुतूँ[20]
दामने-दहर[21] पे उस रंग की गुलकारी[22] है
जिसमें शामिल है तेरे और मेरे अज़दाद[23] का ख़ूँ[24]

मेरी महबूब! उन्हें भी तो मोहब्बत होगी
जिनकी सन्नाई ने[25] बख़्शी है[26] इसे शक्ले-ज़मील[27]
उनके प्यारों के मक़ाबिर रहे बेनामो-नमूद[28]
आज तक उन पे जलाई न किसी ने क़िन्दील[29]

ये चमनज़ार[30] ये जमुना का किनारा, ये महल
ये मनुक़्क़श[31] दरो-दीवार, ये मेहराब, ये ताक़
इक शहनशाह ने दौलत का सहारा लेकर
हम ग़रीबों की मोहब्बत का उड़ाया है मज़ाक
मेरी महबूब कहीं और मिलाकर मुझसे!

---

1. मज़हरे-उल्फ़त = प्रेम का द्योतक। 2. वादी-ए-रंगी = रमणीय स्थान। 3. अक़ीदत = श्रद्धा। 4. महबूब = प्रेयसी। 5. बज़्मे-शाही में = शाही दरबार में। 6. सब्त = अंकित। 7. सतवते-शाही के = शाही वैभव के। 8. रूहों का = आत्माओं का (प्रेमियों का)। 9. पसे-पर्दा-ए-तश्हीरे-वफ़ा = वफ़ा के विज्ञापन के पर्दे के पीछे। 10. सतवत = वैभव। 11. मक़ाबिर से = मक़बरों से। 12. तारीक = अन्धकारपूर्ण। 13. सादिक़ = सच्चे। 14. तश्हीर = विज्ञापन। 15. मुफ़लिस = निर्धन। 16. इमारातो-मक़ाबिर = इमारतें और मक़बरे। 17. हिसार = क़िले। 18. मुतलक़ुल्हुक्म = स्वेच्छाचारी। 19. अज़मत = महानता। 20. सुतूँ = स्तम्भ। 21. दामने-दहर = संसार के दामन पर। 22. गुलकारी = बेल-बूटे। 23. अज़दाद = पूर्वजों। 24. ख़ूँ = लहू। 25. सन्नाई ने = कारीगरी ने। 26. बख़्शी है = प्रदान की है। 27. शक्ले-जमील = सुन्दर रूप। 28. बेनामो-नमूद = जिनका कोई नाम व निशान तक नहीं। 29. क़िन्दील = दीप। 30. चमनज़ार = उद्यान। 31. मुनक़्क़श = चित्रित।

●

चकले

ये कूचे ये नीलामघर दिलकशी के
ये लुटते हुए कारवाँ ज़िन्दगी के
कहाँ हैं? कहाँ हैं मुहाफ़िज़ ख़ुदी[1] के
सना-ख़्वाने-तक़्दीसे-मशरिक़[2] कहाँ हैं?

ये पुरपेच गलियाँ, ये बेख़्वाब[3] बाज़ार
ये गुमनाम राही, ये सिक्कों की झनकार
ये इस्मत[4] के सौदे, ये सौदों पे तकरार
सना-ख़्वाने-तक़्दीसे-मशरिक़ कहाँ हैं?

तअफ़्फ़ुन[5] से पुर नीम-रोशन[6] ये गलियाँ
ये मसली हुई अधखिली ज़र्द कलियाँ

ये बिकती हुई खोखली रंगरलियाँ
सना-ख़्वाने-तक़्दीसे-मशरिक़ कहाँ हैं?

वो उजले दरीचों में पायल की छन-छन
तनफ़्फ़ुस[7] की उलझन पे तबले की धन-धन
ये बेरूह कमरों में खाँसी की ढन-ढन
सना-ख़्वाने-तक़्दीसे-मशरिक़ कहाँ हैं?

ये गूँजे हुए क़हक़हे रास्तों पर
ये चारों तरफ़ भीड़-सी खिड़कियों पर
ये आवाज़ें खिंचते हुए आँचलों पर
सना-ख़्वाने-तक़्दीसे-मशरिक़ कहाँ हैं?

ये फूलों के गजरे, ये पीकों के छींटे
ये बेबाक नज़रें, ये गुस्ताख़ फ़िक़रे
ये ढलके बदन और ये मदक़ूक़[8] चेहरे
सना-ख़्वाने-तक़्दीसे-मशरिक़ कहाँ हैं?

ये भूकी निगाहें हसीनों की जानिब
ये बढ़ते हुए हाथ सीनों की जानिब
लपकते हुए पाँव ज़ीनों की जानिब
सना-ख़्वाने-तक़्दीसे-मशरिक़ कहाँ हैं?

यहाँ पीर[9] भी आ चुके हैं जवाँ भी
तनूमंद[10] बेटे भी अब्बा मियाँ भी
ये बीबी भी है और बहन भी है माँ भी
सना-ख़्वाने-तक़्दीसे-मशरिक़ कहाँ हैं?

---

1. मुहाफ़िज़ ख़ुदी = अहं के रक्षक। 2. सना-ख़्वाने-तक़्दीसे-मशरीक़ = पूर्व की पवित्रता के गुण गानेवाले। 3. बेख़्वाब = निद्रा-रहित। 4. इस्मत = सतीत्व। 5. तअफ़्फ़ुन = दुर्गन्ध। 6. नीम-रोशन = मद्धम प्रकाशवाली। 7. तनफ़्फ़ुस = श्वास। 8. मदक़ूक़ = क्षयग्रस्त। 9. पीर = बूढ़े। 10. तनूमंद = हृष्ट-पुष्ट।

●

वो सुबह कभी तो आएगी

वो सुबह कभी तो आएगी! वो सुबह कभी तो आएगी!
इन काली सदियों के सर से जब रात का आँचल ढलकेगा
जब दुख के बादल पिघलेंगे, जब सुख का सागर छलकेगा
जब अम्बर झूमके नाचेगा, जब धरती नग़मे गाएगी
वो सुबह कभी तो आएगी!

जिस सुबह की ख़ातिर जुग-जुग से हम सब मर-मरकर जीते हैं
जिस सुबह के अमृत की धुन में हम ज़हर के प्याले पीते हैं
इन भूकी-प्यासी रूहों पर इक दिन तो करम फ़र्माएगी
वो सुबह कभी तो आएगी!

माना कि अभी तेरे-मेरे अरमानों की क़ीमत कुछ भी नहीं
मिट्टी का भी है कुछ मोल मगर, इन्सान की क़ीमत कुछ भी नहीं
इन्सान की इज़्ज़त जब झूटे सिक्कों में न तोली जाएगी
वो सुबह कभी तो आएगी!

दौलत के लिए जब औरत की इस्मत को न बेचा जाएगा
चाहत को न कुचला जाएगा ग़ैरत को न बेचा जाएगा
अपनी काली करतूतों पर जब ये दुनिया शर्माएगी
वो सुबह कभी तो आएगी!

बीतेंगे कभी तो दिन आख़िर ये भूक के और बेकारी के
टूटेंगे कभी तो बुत आख़िर दौलत की इजारादारी के
जब एक अनोखी दुनिया की बुनियाद उठाई जाएगी
वो सुबह कभी तो आएगी!

मजबूर बुढ़ापा जब सूनी राहों की धूल न फाँकेगा
मासूम लड़कपन जब गन्दी गलियों में भीक न माँगेगा।
हक़ माँगनेवालों को जिस दिन सूली न दिखाई जाएगी।
वो सुबह कभी तो आएगी!

फ़ाक़ों की चिताओं पर जिस दिन इन्साँ न जलाए जाएँगे
सीनों के दहकते दोज़ख़ में अरमाँ न जलाए जाएँगे
ये नरक से भी गन्दी दुनिया जब स्वर्ग बनाई जाएगी
वो सुबह कभी तो आएगी!

जिस सुबह की ख़ातिर जुग-जुग से हम सब मर-मरकर जीते हैं
जिस सुबह के अमृत की धुन में हम ज़हर के प्याले पीते हैं
वो सुबह न आए आज मगर, वो सुबह कभी तो आएगी!
वो सुबह कभी तो आएगी!

(फ़िल्म 'फिर सुबह होगी' से)

●

4

सूरज के लहू में लिथड़ी हुई वो शाम है अब तक याद मुझे
चाहत के सुनहरे ख़्वाबों का अंजाम है अब तक याद मुझे

उस शाम मुझे मालूम हुआ, खेतों की तरह इस दुनिया में
सहमी हुई दोशीज़ाओं की[1] मुस्कान भी बेची जाती है
उस शाम मुझे मालूम हुआ, इस कारगहे-ज़रदारी में[2]
दो भोली-भाली रूहों की पहचान भी बेची जाती है

उस शाम मुझे मालूम हुआ, जब बाप की खेती छिन जाए
ममता के सुनहरे ख़्वाबों की अनमोल निशानी बिकती है
उस शाम मुझे मालूम हुआ, जब भाई जंग में काम आए
सरमाए के क़हवाख़ाने में[3] बहनों की जवानी बिकती है

सूरज के लहू में लिथड़ी हुई वो शाम है अब तक याद मुझे
चाहत के सुनहरे ख़्वाबों का अंजाम है अब तक याद मुझे

---

1. दोशीज़ाओं की = तरुण कुमारियों की। 2. कारगहे-ज़रदारी = पूँजीवाद के कारख़ाने में। 3. क़हवाख़ाने में = वेश्यालयों में।

●

5

न मुँह छुपा के जिये हम, न सर झुका के जिये
सितमगरों[1] की नज़र से नज़र मिला के जिये
अब एक रात अगर कम जिये, तो कम ही सही
यही बहुत है कि हम मश्अलें जला के जिये

---

1. सितमगरों = अत्याचारियों

■